STOCK
MAP

股海方舟

无名玺　路　遥◉著

中国人民大学出版社
·北京·

前言一

从邀稿到现在历经一年多的时间，从最初研究股票，遍览群书，到最终发现，大多数书无非就是几个套路。扯淡的是，这些套路大多数属于屠龙技能，即只能在书中大杀四方，在股市中就百无一用。更可恨的是，这些套路上往往有类似解释权归作者所有之类的言语，无非是说用不好就是你学艺不精，要么是你心态不行，不知道坑了多少新老股民。于是我开始在研究之余，在知乎上写些专栏，一方面是解闷，一方面是做些辟谣，同时看看大家的想法。没想到这无心之举，促成了这本书的出版。

写书和写专栏完全是两回事。很多话题在专栏中可以武断地写，但在写书的过程中，却不得不寻找各方的证据支持；同时，很多观点在专栏中可以随意抛出，但在书里面却必须是包含在某个统一框架之下，有序地推进才行。还好现在是网络时代，很多资料只要通过键盘的几次敲击就可以获得，非常佩服非网络时代的写书人为了求证一字一句而四处奔波的毅力和勇气。

感谢高晓斐老师的邀请，以及对我一次次延期的宽容和理解。感谢我的家人，在我写书的这段期间，宝宝两岁了，正是磨人的时候，老人家不辞辛劳，帮我分担了很多。感谢轩轩，是你的陪伴让我枯燥的生活变得多彩。最后，宝宝，当你长大识字后，看到爸爸的书，是什么样的评价？爸爸很期待。

无名玺

2018年1月

前言二

在开始正式行文之前,特别要感谢一下支持笔者完成人生第一作的朋友、亲人。首先要感谢的是九阴卷的作者,他是笔者的多年好友,此次有幸受邀共写此书,给笔者简单平静的生活带来了不一样的涟漪。在本书内容的写作过程中,笔者不仅将多年投资的所感所想得以与更多的投资者,或者说投资爱好者分享、论证、探讨;而且,在整个写作的过程中,笔者自身的投资观及投资体系在思想的碰撞及结构的梳理中得以进一步完善。因此说,有舍才有得,一味的墨守成规、故步自封反而无法走上"大道"。再次要感谢我的家人,在本书写作期间,本人得到了家人巨大的支持和理解,因为完成本书需要花费很多时间进行思考、素材整理。在行文中,有些章节还经历了完成、删除、重写的过程。但是,在家人极大的鼓励和精神支持之下,笔者最终完成了人生第一作。

最后,笔者希望将此书作为礼物送给爱人以及刚满一周岁的程路遥小朋友。

当然,也希望本书的内容能够得到投资者朋友的共鸣与探讨,希望我们的所得、所想、所说能够让你灵光乍现,有助于你的投资决策,为你人生财富的积累增添一份助力。

路遥

2018年1月

序

这是一本讲真话的书。当市场上各种股市武林秘籍、高手速成法汗牛充栋时，当荧幕上形形色色的股评家、五花八门的交流群群魔乱舞时，当你不断迷失、不断遇到挫折时，这本书可以让你除却虑躁，安宁下来，以温和而理智的目光重新审视这些年走过的风雨之路和品尝过的酸甜苦辣。当你逐渐安定下来，暂时躲避欲望的侵扰，公平地去对待这些年的得失时，你会发现，有些自以为是的胜利是如此的侥幸，而有些惨痛的失败或许可以避免。有些自以为有用的东西，其实只是一纸荒唐言，你竟然被忽悠了这么久，入戏这么深；而有些一直被无视的、无用的东西，慢慢变得有价值，但是短期内不得其门而入。**本书就是要帮助每一个读者，避开邪魔，沉淀真知，形成自己的投资体系。**

真话永远是直入人心的。在本书中，你不会听到似是而非的东西，或者放之四海而皆准的道理，这样的道理或许有，但是一定不能直接应用。能够指导应用的，必然是具体的，只限于某一点的理论。我们会有一个总体的框架，但是基于这个框架我们会有更多细节应用，这些应用必然是易懂易用的。

真话永远是相对的。在地心说提出的那个时代，人们认为地心说是真实的；然而等到哥白尼提出日心说，地心说则成为谬误。今天我们在书中质疑的，在当时或许也是真理，只是因为时代不同，地域国情不同了，所以有些结论已经不适用了。同样我们今天认为正确的，或许若干年后也同样错误百出。我最终要的，**是找到属于这个时代的真话**。

真话永远是辩证的。一生二，二生三，三生万物。对股市来讲，那个道可能就是一，是难以捉摸，鲜为人知的。但是那个二，到目前为止，我以为就是**价值分析**和**技术分析**。我相信完美的理论必然是可以兼容这两者，如同太极蕴含阴阳，阴阳生灭。我们在**九阴卷从技术角度说起**，而后在**九阳卷讨论价值分析**。这两部分的碰撞，必然能够激起思维的火花，所谓孤阴不长，孤阳不生，**只有达到阴阳的平衡，或者说是"中"的概念，我们才可以一窥世界的真相**。

真话必然逆耳。自古忠言逆耳，永远是常态。而皇帝新衣里面的小孩永远只能在童话中被赞扬。我相信，我们在本书中谈论的很多观点，必然会引起诸多的争议。其中一部分原因，必然是因为我们探索的是一条未知的道理，远未到圆满，理论难免存在缺陷。另一部分原因，是因为我们说的有些观点和现行的所谓"主流"格格不入，虽然这些主流未必可以帮助到广大的投资者。我的观点是，万事随缘，笔者倾尽心力，对这本书负责；而读者各取所需，有缘则聚，无缘则散。

最后我想谈一下我们**对读者的期望**，首先希望读者能够摒弃成见来看这本书，我们欢迎任何意见、建议和交流，前提是用事实和数字说话，而不是用情绪的好恶来评判。其次，本书与其说是研究炒股技巧，不如说是炒股的方法论，是正念的过程。我以为只有念头正确，才能谈论其他，而关于具体操作层面的东西，那必然是因时制宜，因地制宜，不可能在任何一本书中全部加以囊括。我希望这本书是一扇门，能够让大家从以往的思想囚室中走出去，探索更加广大生动的世界；而不是一把虚假的钥匙，指向永远不存在的凯旋门。无论未来的旅途是否艰难曲折，至少我们已经走在正确的路上。最后，股票是高风险高回报的行为，希望大家在做任何尝试之前，都三思而后行，在真正有把握之前，小量多次地试探为先，不要动不动就孤注一掷，不知变通，这样再好的理论也会变得毫无意义。

目 录

CONTENTS

九阴卷 // 1

第一部分 始计 // 5

1. 问心 // 6

2. 明性 // 10

3. 财富 // 21

4. 计划 // 27

第二部分 溯源 // 35

1. 发端 // 37

2. 公司 // 40

3. 价格 // 47

4. 真实 // 61

5. 复杂 // 69

6. 论势 // 75

7. 生灭 // 86

第三部分 温故 // 95

1. 科学 // 96

2. 经典 // 101

3. 均线 // 106

4. 边界 // 112

5. 摆动 // 116

6. 形态 // 122

7. 量变 // 129

第四部分 操作 // 135

1. 天时 // 137

2. 地利 // 152

3. 人和 // 158

九阳卷 // 165

第一部分　价值 // 171

第二部分　方向 // 177

　1.宏观 // 181

　2.微观 // 203

第三部分　选修 // 219

　1."贬"值 // 221

　2.技术 // 226

　3.心态 // 232

　后记 // 237

九
阴
卷

在这部分，笔者希望能和所有的读者进行一场心的修炼。心的修炼，并不是去打坐、面壁、青灯古佛，而是三省吾身。我们在股市的洪流中，一路随波逐浪。我们经历得太多，思考得太少。我们以往的成功、失败，并没有积淀下来成为我们成长的养分，当我们不断试图寻求股市的"圣杯"，屡战屡败，屡败屡战，却没想到，或许"圣杯"就在我们自身。佛家有云，向内求，不要向外求。

这场心的修炼，由三部分构成。

首先，我们需要再次回到我们初入股市的时候，我们需要严肃认真地对当时的我们提问，为什么要进入股市？如果当时的你了解到现在的你的近况，是否还会义无反顾地投身股市？这是一个信念的问题，人的一切努力、创造源于最初的信念，或许在当时我们可能只是单纯被欲望、冲动所驱使，但是，当我们经历股市一轮又一轮的潮起潮落之后，仍奋勇挣扎在这片战场，就不能简单地用贪婪、莽撞来解释了，我以为其中还有很多更深层的原因，比如尊严，比如勇气，比如信念。而我们需要很清晰地去探讨这个话题，直到情感的最深处，因为这股被掩饰、隐藏起来的热情，一旦被正视，将会是每一个人未来不竭的动力，无论未来面对何种天堑鸿沟，这将会是你唯一可以倚赖的，并得以跨越过去的最终法宝。

其次，当我们正视自我的欲望之后，我们会变得更加坚韧，这让我们更加接近成功，但是强大不代表鲁莽，我们需要更仔细地了解我们的对手，知己知彼，百战不殆。从我们入市第一天到现在，有多少人敢说我了解股市？在大多数人心中，股市只是那个小区附近的交易场所，或者是电脑交易软件上陈列的2 000多个不断闪烁变化的价格。以往我们不去思考，是因为欲望与偏见让我们一叶障目，看不到事实，甚至我们会认为股票就是赌博，就是投机，还会产生我为什么还要去了解什么是股市这样的疑惑。为什么要去了解呢？这是一个很难回答的问题。诺贝尔文学奖得主莫言曾这么评价：文学最大的用处就是无用。这里我也想借用这句话，了解股市最大的用处就是无用！什么是无用，什么是有用？大家已经太习惯去追逐有用的事了，比如如何成为股票大师，如何赢得庄家，如何在30岁之前赚够1 000万元，类似的东西往往令人热血沸腾，成功似乎唾手可得，结果如何？股票大师还是股票大师，庄家还是庄家，人生赢家还是别人，你还是你，这些就是有用的东西，我们追逐了大半辈子的东西。而什么是无用的东西呢？开始它不会立刻帮助到你，但是它会增长你的智慧，广博你的见识；然后在某一天不经意间，它帮助你完成了人生的一次飞跃，这就是没有用的东西。

最后，当我们充满勇气，兼具智慧，再度起航的时候，我们还需要称手的武器。世界没有屠龙刀，每个人手上能够紧握的只有自己尽心打磨的，完全属于自己的武器。这个武器是我们勇气、智慧的具现，武器来自于哪里？它来自于我们以往的得失。在这里，我们需要一一探讨以往种种是非成败，要毫不含糊的弄清楚每一场胜败，为什么胜，为什么败，胜利中有哪些可以发扬光大，失败中又有哪些可以警戒、改进。这些讨论，或许细碎烦琐，不像之前两部分那么直击心灵，但是试问有哪把宝刀出世之前不经过千锤百炼？有哪个人可以不经历煎熬就获得超越常人的成就？如果在第一阶段我们需要热情，在第二阶段我们需要智慧，那么在此，我们需要的是耐心，洗尽铅华始见真。

我希望能和我走完这场心的旅程的读者，最终能够扫除眼前的迷障，找到属于自己的路。路漫漫其修远兮，吾将上下而求索。

第一部分

始 计

1 问心

大多数人初入股市，仅仅是因为内心的躁动。而当经历股市的沉浮后，躁动会变成迷茫，期望亦变成失望、不甘。在我们迫不及待再次起航之前，非常有必要自问一个非常简单的问题——**为什么要炒股**？

这个世界有很多方式可以赚钱。做生意开公司上市，赚的钱远比炒股要多得多；努力打工坐上中高层，年薪百万的也不乏其人；或者买彩票，每天全世界都不乏中大奖的幸运儿。当然，要在这些行业成功都不容易，做生意处处艰难，如履薄冰；打工上升通道受制于人；买彩票赢的概率太小等等。

然而我想要说的是：**炒股致富并不比以上任何一个赚钱的机会要容易。**

我想在继续之前给大家看一下之前在新闻中公布的一组数据——中国第一代股市操盘手近况。①

我国第一代股市操盘手中，有5人入狱，3人赔光，7人逃亡，8人困窘，1人禁入，3人转行，1人成功，1人失踪。其中，好的结局有转行、成功，共4人，占比13.8%；中等结局有逃亡、禁入、失踪、困窘，共17人，占比58.6%；悲惨结局有赔光、入狱，共8人，占比27.6%。

给大家看这组数据，不是为了告诉大家类似"股市有风险，投资需谨

---

① 网易财经，http://money.163.com/12/0323/14/7T9PNEMU00251LIE.html.

慎"之类的官话，而是想让大家能够真正放弃心中的侥幸，不要有任何不劳而获，或者一夜暴富的念头。我们需要彻底地沉静下来，去积累各种知识，提升对股市的理解——有人说你能赚多少，取决于你理解多少。

下面整本书大多数涉及的都是苦活儿、累活儿，是需要一点点积累的"无用的知识"，而且很多时候，限于篇幅，限于笔者所学有限，而知识无涯，也只能开一个头，更广阔的世界需要大家各自探索。而且最后那个能帮助点燃火炬、照亮前路的必然是你的付出和才能。所以那些希望能够快速通过学习这本书从而叱咤股市的读者，可能要让你们失望了；但是对于希望能够对股市有更进一步理解的书友，我愿意承诺以有限的笔力，尽可能多地给出一些有价值的东西。

所以，如果我们不把股票当成工作、彩票，那么股票就不是工作、彩票。**那么股票是什么呢？我想用一个对很多国人而言，既陌生又熟悉的词来阐述——事业。**

什么是事业呢？我以为事业就是一个人力所能及的，同时可以实现个人价值的事。

这里有两点，一点是怎么判断炒股是你力所能及的；另外一点是什么是个人的价值。这两点都需要各位耐心地去思考清楚，因为这个世界上的机会不只是股市，也并不是每个人都适合投身股市。要知道现存的百年企业及其家族，没有一个是依靠股市发家致富的；历史和近代的风流人物，也大多和股市没有关系。即使拿金融市场来说，股市也仅仅是其中的一种，除了股市，还有债券、外汇、期货等市场。

如何判断你是否适合股市呢？从战果来讲，做了多年的股市，你有没有进步呢？是否可以从大亏，进步到小亏，进而收支平衡，再略有盈利呢？从感觉来说，你是否觉得自己比以前更了解股市，或者说越来越敬畏这个市场了呢？更具体的，当你读完这本书以后，是否可以解决一些问题，同时能够萌生更多的问题呢？

股市如何实现个人价值？ 首先我想说的是，价值不是财富，价值高于财富。我从出生到现在，几十年才逐渐明白一件事，人活着究竟是为什么？我是一个佛教徒，但是六根不净，常常会对财富非常困扰。如果财富无益，为什么每个人，包括我自己内心都充满了对财富的渴望？如果财富有益，那些疯狂痴迷财富的人和沉迷游戏的人又有什么区别呢？同时社会上的一些人事似乎也验证了这两个疑问：很多富一代，比如美国的很多富翁，从洛克菲勒到比尔·盖茨，身家亿万，依旧守持正固；而一些富二代，或者彩票幸运儿，或许能够一时畅快，姑且不论结局，但是这种迷醉到底有几分真实呢？经历了这些思考，以及一些机遇，大致在我30岁的时候，我觉得适合我的路，或许是不断丰富自己的才识，不断探索了解这个世界的万物规律。我不确定这条路是否有尽头。但是隐隐感觉这条路才是正确的。借用佛家的说法，我们最终是要自我成就，而财富只是路边的风景。

其次，当我们把股市作为一项事业的时候，我们逐渐会发现一些好处，这是以前体会不到的。

第一，这项事业相对公平，只要用心，你可以用你的才智去找到一些机会。第二，这项事业相对自由，你可以集中精力努力一段时间，也可以在有所收获之后给自己放个长假。第三，也是最重要的，**只有当你把炒股当作一项事业，你才能成为股市的庄家而不是一个玩家**。专家和玩家最重要的区别如同观众和演员，当大家欣赏同一部影片的时候，观众享受的是跌宕起伏的剧情；而专业人员更多感受到的是影片想表达的内涵、内容、桥段的组织、演员的演技等等。只有当从玩家变成专家时，我们才能摆脱股价高低起伏带来的心跳，转而关注这个波动是否合理。如果波动是合理的，我们便泰然处之；如果波动不合理，那么是因为暗含聚变，还是因为行为过激？我们又有哪些策略可以区别对待？

② 明性

很多书会去谈股票和心理学，大致得出的结论是：股票是需要违逆心理直觉的，你想买入的时候通常是应该卖出，你想卖出的时候应该是要买入。我觉得这个结论是非常好笑的，正如同之前有人问我：如果找到一个股票输家，然后和他做相反的操作，是不是就能赚钱？

我的回答是不可能，我大概用图1-1-1来说明原因。

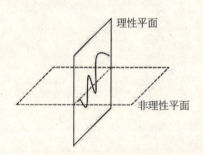

图1-1-1 投资者的理性和非理性平面示意图

图中是两个垂直的平面，通常我们说的非理性的投资，不管你是哪个方向，都是在水平的平面上发生的。不论你是正着买或者倒着买，都是发生在这个水平的不理性平面。而图中的垂直平面象征理性的投资。**这两种投资的行为发生的维度根本不同**。而两个平面相交的那部分灰线，我管它叫运气。运气是不可捉摸的，它可以让最理智的投资者一败涂地，也可以让股市小白获利不菲。

我们需要做到的一点是，从水平的业余选手领域，通过努力进入到垂直的专业选手领域。 而这部分详谈的就是其中最基本的问题——投资者心理。

我们可以把最典型的心理用中国的五行模型简单地加以解释，也就是金、木、水、火、土。每个都代表了一种性格特点，每个特点都有利有弊。

金，象征坚毅和固执；

木，象征才智和自负；

水，象征适应性和多愁善感；

火，象征激情和鲁莽；

土，象征宽厚和木讷。

五行的相生相克关系如图1-1-2所示。

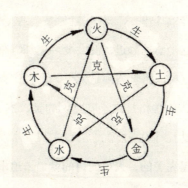

图1-1-2 五行生克示意图

也就是：金克木，木克土，土克水，水克火，火克金，是一个循环。什么意思呢？

金克木，有意志的人，比如军人，往往缺乏才智，听命行事，所以有句话说千军易得，一将难求。基层的士兵容易获得，再从这些士兵里面找到有大局观、懂谋略的人太难。

11

木克土，有才智的人通常自负，有失宽厚。古人说文人相轻，大家都看不起对方，眼睛里永远是对方的缺点，眼高手低，所以有时候读书读多了，反而做人更差劲了。

土克水，宽厚的人常常内敛，感情积于内而不外露，往往不善交际，不懂变通。

水克火，善于交际的人，某种程度就是合事佬，你好我好大家好，性格温和，但缺少开拓精神。

火克金，有激情的人，激情来得快去得也快，很难持久。

另一方面，如果有毅力的人，同时懂得兼听则明的道理，并懂得变通，那么这个坚持就不是固执而是毅力；懂得变通的人，又兼具才能，就可以识人、识事，不至于交友不慎，遇人不淑；有才能的人，又有激情，可以产生非常强大的创造力；有激情的人，如果能够更宽厚、包容，把激情积累而不是随意挥发，那么这个感情经过沉淀会变得更加醇厚；最后，如果宽厚的人，同时兼有毅力，这种人格魅力则是天生的王者。

我们认为，一个人的性格是由不同比例的金、木、水、火、土组成的，一个完美的性格可能是五行的平衡。

但是人生来就不是完美的，人生的目的就是去追求完美。我们可以比照自己的性格，查缺补漏。

我们来看看那些投资大师，他们的性格是如何组成的。

股神——沃伦·巴菲特

1. 要在别人贪婪的时候恐惧，别人恐惧的时候贪婪。（木）

2. 如果你没有持有一只股票10年的准备，那么连10分钟都不要持有这只股票。（木）

3. 要赢得好的声誉需要20年，而要毁掉它，5分钟就足够。如果明白了这一点，你做起事来就会不同了。（木）

4. 投资对于我来说，既是一种运动，也是一种娱乐。我喜欢通过寻找好的猎物来"捕获稀有的快速移动的大象。"（木）

5. 只有退潮时，你才知道谁是在裸体游泳。（木）

6. 当一家有实力的大公司遇到一次巨大但可以化解的危机时，一个绝好的投资机会就会悄然来临。（木）

7. 投资企业而不是股票。（木）

8. 拥有一只股票，期待它明天早晨就上涨是十分愚蠢的。（木）

9. 即使美联储主席偷偷告诉我未来两年的货币政策，我也不会为之改变我的任何投资行为。（木、金）

10. 我喜欢简单的东西。（木）

金融大鳄——乔治·索罗斯

1. 炒作就像动物世界的森林法则，专门攻击弱者，这种做法往往能够百发百中。（木）

2. 我生来一贫如洗，但决不能死时仍旧贫困潦倒。（金）

3. 判断对错并不重要，重要的在于正确时获取了多大利润，错误时又亏损了多少。（木）

4. 在股票市场上，寻求别人还没有意识到的突变。（木）

13

5. 承担风险，无可指责，但同时记住千万不能孤注一掷。（木）

6. 股市通常是不可信赖的，因而，如果在华尔街地区你跟着别人赶时髦，那么，你的股票经营注定是十分惨淡的。（木）

7. 身在市场，你就得准备忍受痛苦。（木、土）

8. 对任何事情，我和其他人犯同样多的错误，不过，我的超人之处在于我能认识自己的错误。（木）

9. 要想获得成功，必须要有充足的自由时间。（木）

10. 你不用什么都懂，但你必须在某一方面懂得比别人多。（木）

投资奇才——安德烈·科斯托兰尼

1. 崩盘通常以暴涨为前导，而暴涨都以崩盘收尾，一再重复。（木）

2. 病人不是死于疾病，而是死于人们给他的药。（木）

3. 当价格开始上扬时，这只股票的交易额越小，情况越乐观。（木）

4. 任何一个软件顶多只和它的程序设计者一样聪明。（木）

5. 货币之于证券市场，就像氧气之于呼吸，汽油之于引擎。（木）

6. 价格密集盘整之后的突破，通常是值得冒险的交易机会。（木）

7. 回撤常常在缺口处停住。（木）

8. 那些最有名气的上市公司的股票最容易投机过度。（木）

9. 股票永远不会太高，高到让你不能开始买进；也永远不会太低，低到不能开始卖出。（木）

10. 在长达80年的证券交易中，我至少学到一点：投资是一种艺术，而不是科学。（木）

最具神奇色彩的技术分析大师——威廉·江恩

1. 不在成交量大增之后买进，不在成交量大减之后卖出。（木）

2. 阳光之下没有新东西。（木）

3. 你一旦完全掌握了角度线，你就能够解决任何问题，并决定任何股票的趋势。（木）

4. 仅介入交易活跃的股票，避免介入那些运动缓慢、成交稀少的股票。（木）

5. 市场趋势不明显时，宁可在场外观望。（木、土）

6. 只有业绩好的个股才会有较强的抗跌性。（木）

7. 图表能反映出一切股市或公司股民的总体心理状况。（木）

8. 调整只会让股市更加健康。（木）

9. 不要一次性买进，傲慢就是罪过。（木）

10. 买卖遭损失时，切忌赌徒式加码，以谋求摊低成本。（木）

环球旅行投资家——吉姆·罗杰斯

1. 如果我只按照自己所理解的行事，而不是要别人告诉我该怎么做，就会既容易又有利可图。（木、金）

2. 绝不赔钱，做自己熟悉的事，等到发现大好机会才投钱。（木、土）

3. 我一向是不关心大盘涨跌的，我只关心市场中有没有符合我的投资标准的公司。（木）

4. 当所有人都疯狂的时候，你必须保持冷静。（木、金、土）

5. 袖手旁观，静待大势自然发展。（木、金、土）

6. 从历史经验看，一旦商品市场进入牛市周期，最短可以持续15年，最长则达23年。（木）

7. 获得成功之后往往会被胜利冲昏头脑，这种时候尤其需要平静地思考。（木、土）

8. 当媒体的观点"一边倒"时，你应冷静地站到它们的对面去。（木、金）

9. 风险存在于市场本身。（木）

股市伯乐——菲利普·费舍

1. 抱牢成长股。（木）

2. 股票市场最惹人发笑的事情是：每一个同时买和同时卖的人都会自认为自己比对方聪明。（木）

3. 你永远也不可能做到了解自己或市场的方方面面。（木）

4. 现金流是任何公司的重要健康指标。（木）

5. 在这个竞争激烈的年代，即使公司的产品或服务十分出色，但如果不善于行销，公司就不可能生存。（木）

6. 不要随群众起舞。（木、金）

7. 追求资本大幅成长的投资人，应淡化股利的重要性。（木）

8. 投资股票要切实了解公司的经营情况，不可被一些不实数字所蒙骗。（木）

9. 买进真正优秀的成长股时，除了考虑价格，还不能忘了时机因素。（木）

10. 股票投资，难免有些地方需要靠运气，但长期而言，好运、霉运会相抵，想要持续成功，必须靠技能和良好的原则。（木、金、土）

基金史上的传奇人物——彼得·林奇

1. 公司的状况与股票的状况有100%的相关性。（木）

2. 周期性行业的股票要在市盈率高时买进，市盈率低时卖出。（木）

3. 买进有盈利能力的企业的股票，在没有极好的理由时不要抛掉。（木）

4. 只要用心对股票做一点点研究，普通投资者也能成为股票投资专家，并且在选股方面的成绩能像华尔街专家一样出色。（木）

5. 不进行研究的投资，就像打扑克从不看牌一样，必然失败。（木）

6. 最终决定投资者命运的既不是股票市场，也不是那些上市公司，而是投资者自己。（木）

7. 炒股要有自信，没有自信就会失败。（金）

8. 行情总在绝望中诞生，在半信半疑中成长，在憧憬中成熟，在希望中毁灭。（木）

9. 股市赢家法则是：不买落后股，不买平庸股，全心全力锁定领导股。（木）

10. 让趋势成为你的朋友。（木）

美国共同基金之父——罗伊·纽伯格

1. 我明白，金钱可以使这个世界运转，但我不相信金钱；我知道，艺

17

术无法使这个世界运转，但我相信艺术。（木）

2. 投资的成功是建立在已有的知识和经验基础上的。（木）

3. 别人的鞋子不合自己的脚。（木）

4. 时机可能不能决定所有事情，但时机可以决定许多事情。（木）

5. 一个真正的投资者并不会如赌博般随意投放资金，他只会投放于有足够可能获取利润的工具上。（木）

6. 股票显然是所有追求长期增长的投资者的首选资产。（木）

7. 技术指标千变万化，成交量才是实打实的买卖。（木）

8. 股东也许不在乎CEO看小说或醉酒驾车，但他们在乎CEO的欺诈。（木）

9. 热爱一只股票是对的，但当它股价偏高时，还是让别人去热爱它吧。（木）

10. 如果某一股票能够长期站稳于某一价位之间，那一价位即为合理价位。（木）

执股市与政坛牛耳的投资大师——伯纳德·巴鲁克

1. 我能躲过灾难，是因为我每次都抛得过早。（木）

2. 当人们都为股市欢呼时，你就得果断卖出，别管它还会不会继续涨；当便宜到没人想要的时候，你应该敢于买进，不要管它是否还会再下跌。（木、金）

3. 新高孕育新高，新低孕育新低。（木）

4. 谁要是说自己总能够抄底逃顶，那准是在撒谎。（木）

5. 别希望自己每次都正确，如果犯了错，越快止损越好。（木）

6. 谁活得最久，才活得最逍遥，才赚得最自在。（木）

7. 他们不是被市场打败的，是被自己打败的。（木）

8. 作为投资者，肯定有些股票会让人赔得刻骨铭心。（木）

9. 一个人必须理解性和情感在交替影响市场时的相互作用。（木、金）

10. 对任何给你内幕消息的人士，无论是理发师、美容师还是餐馆跑堂的，都要小心。（木）

日本股神——是川银藏

1. 股市是谣言最多的地方，如果每听到什么谣言，就要买进卖出的话，那么钱再多，也不够赔。（木）

2. 对于每日经济与股市行情的变动，必须自己下工夫研究。（木、金）

3. 投资人的心境必须和乌龟一样，慢慢观察，谨慎买卖。（木、土）

4. 不可太过于乐观，不要以为股市会永远涨个不停，而且要以自有资金操作。（木）

5. 只吃八分饱。（木）

6. 交易并不是低买高卖；实际上，它是高买、更高卖，是强者更强、弱者更弱。（木）

7. 在我进入之前，我就知道该何时退出了。（木）

8. 选择未来大有前途，却尚未被世人察觉的潜力股，并长期持有。（木）

9. 不要一看到报纸、杂志刊出什么利多题材，就一头栽进去。（木）

10. 任何时候都可能发生难以预料的事件，因此必须记住，投资股票永远有风险。（木）

综上来看，**对投资者最有帮助的是木（投资理念），然后是金（坚持理念）、土（忍受胜利或者失败）。**

我们可以看到这些投资大师的投资策略在不同年数中的回报是多样的，这主要是由他们具有差异的投资理念对风险的处理决定的。图1-1-3展示了投资高手的年度额外回报超过标准普尔500指数（简称标普500指数）的百分比差距。

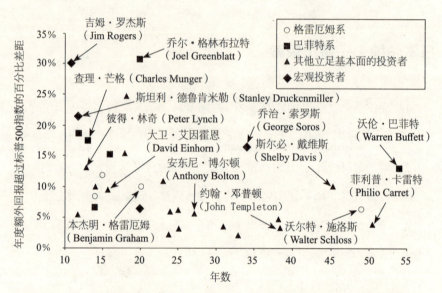

图1-1-3　含股息再投资在内，投资高手与标普500指数的额外回报比较

资料来源：Harriman House.

所以对于一个普通投资者而言，什么是最重要的已经呼之欲出了：

1．形成自身的投资观（这是贯穿本书的观点）；

2．坚持这个观点（需要在学习的时候不断实践）；

3．享受波动而不是畏惧（厚积薄发）。

3 财富

回归现实，第一个最为关键的问题，就是股市究竟能否赚钱。这个问题非常重要，因为如果股票实际上长期不存在盈利的可能，那么一切炒股的行为都是水中捞月，毫无意义了。或许任何一个股民，内心都坚信股市是可以挣钱的，但直觉是一回事，事实是另一回事。实际上，有关股市能否赚钱的讨论会贯穿全书。而本节只是通过最直观的数据来给出答案，并且对这个答案作出解释。

E.迪姆森在他的《投资收益百年史》中有这样一张表，如表1-1-1所示。

表1-1-1　　全球12个主要市场金融工具年度收益率（1900—2000年）

国家	股票（%）	长期债券（%）	短期债券（%）
日本	13.1	6.1	5.5
法国	12.3	7.0	4.3
瑞典	12.2	6.0	5.5
意大利	12.1	6.7	4.7
澳大利亚	11.9	5.6	4.4
丹麦	10.4	6.9	6.9
美国	10.3	4.7	4.3
英国	10.2	5.4	5.1
德国	9.9	2.8	4.6
加拿大	9.7	4.9	4.8
荷兰	9.1	4.1	3.7
瑞士	7.6	4.7	4.3

资料来源：E.迪姆森等. 投资收益百年史. 戴任翔等，译. 北京：中国财政经济出版社，2005.

通过上表，我们先不去纠结股市100年赚了多少，关键的信息是：**股市的收益近乎长期债券的两倍**。而后者按我们的经验必然是大于银行的储蓄利率。

如果我们拿当前的一些数据进行对比，或许会有更加直观的感受，如图1-1-4所示。

图1-1-4 中国10年期债券收益率概览

资料来源：https://cn.investing.com/rates-bonds/china-10-year-bond-yield.

我们取图1-1-4中的最大值4.951，和最小值2.744，那么股票的年化收益率就在5.5%～10%之间，这显然不是一个令人满意的数字。但是任何一个老股民都知道，股票的价格每时每刻都在变化，拿2000年至今的上证指数来说，最高点达到6 000余点，而最低点在1 000点左右。所以股票的4%只是一个理论值，或许最多说明，如果你始终持有股票，而不做任何高抛低吸的话，那么你的收益大致就维持在这个区间中。**也就是说，如果一个投资者要从股市中获取更多的财富，那就不能在股市中随波逐流，而是需要掌握更多买进卖出的技巧**。否则收入即使为正，意义也不大。我们会在后面谈到一些这方面的技巧。

在继续前进之前，我们要先讨论一下股票和债券。我想很多中国投资者都很熟悉它们，在我小时候，似乎国库券是家庭唯一的理财方式，而股票是在1990年以后才在中国逐渐发展的，但是要等到2000年以后才被更多的人接受。

股票和债券都属于证券，但是它们的由来全然不同。债券最早是由国家发行，用于支持战争的花费，也就是国家以未来的税收为担保进行融资。这种方式相较于由国家无节制地印刷货币，有本质的不同。无节制地印刷货币，会导致通货膨胀，物价上涨，乃至民不聊生，国家颠覆。在《价值起源》①这本书中，用"大陆的分叉"说明了债券的发明对历史的巨大影响，并且假设在宋元战争期间，如果宋朝政府不是采用滥发货币，而是能够创造类似债券的金融工具进行融资以支持战争的支出，历史的走向则可能截然不同。债券发展至今，已从国家债券发展到了公司债券。我们先不谈公司债，因为公司债和国债其实已经有了很大的区别，大家可以认为国债是最安全的投资，风险为零，因为国债是整个国家在支撑。但是对于公司债，尤其是类似美国这类成熟的债券市场，债券本身对应的是公司，而公司可以倒闭，所以美国有垃圾债券。有一种赚钱的方法就是广泛大量地买进垃圾债券，因为垃圾债券十分便宜，虽然其中很多发行垃圾债券的公司破产了，但是只要有几家公司能够起死回生，那么就可以把钱赚回来。

中国的债券市场依然发展缓慢，和美国等发达国家的债券市场相比，仍处于比较稚嫩的阶段。从债券总量和贷款量的比例来看，美国大致是7∶3，而中国是3∶7。如果我们去观察债券市场，可以发现除了国债、政府债之外，发行企业债的主体都是耳熟能详的企业，稍稍逊色的企业目前都难觅踪影。发展缓慢或许是一个尴尬的事，但是对于投资者未尝不是一个机遇，这

---

① 威廉·N.戈兹曼等. 价值起源. 王宇等，译. 沈阳：万卷出版公司，2010.

取决于以下两点。

1. 一个国家的强大取决于这个国家中公司的强大，而如果没有强大的资本市场，则难以孵化强大的公司。我们现在最大的三家互联网公司——百度、阿里巴巴和腾讯都是在美国上市的，但是如果国家希望未来能有越来越多的中国公司发展起来，就必须大力发展资本市场。

2. "乱世"才能出英雄，今天的很多财富人士都崛起于改革开放，随着证券市场的改革，证券市场中必定会有"乱"和治的交替发生。

从目前来看，中国的股票市场发展相对债券市场更加滞后。债券市场最近一两年发展速度比较快，监管机构由原来的发改委发展到现在三家机构——发改委、证监会、中国人民银行，从而导致市场发展的速度大大提高。债券市场引入竞争的机制，或许未来也可能被借鉴到股票市场上。

我们讲债券市场的目的是为了更好地比较股票市场。股票最早也是由政府推行，但是目的和债券不同，股票并不是出于战争融资，而是商业冒险。最早的现代股份制公司诞生于荷兰。当欧洲发现印度后，荷兰充分认识到海洋贸易，即欧洲和印度之间的贸易会带来极大的回报，并且认为这是一个可以决定未来国运的重大契机，因此希望以举国之力来推动这个贸易。但是当时受制于科技，海洋贸易存在很大的风险，除却少数满载而归的船只的光鲜表现外，更多船只一去不回，音信全无。而这会导致一系列债务问题，包括船的造价、货物的成本和人员死伤均需要赔偿。这一大笔的损失，可能让组织者倾家荡产。利益固然诱人，但是巨大的风险阻碍了贸易的快速发展。股份有限公司的概念便在这种背景下应运而生，也就是说，每个人都可以投资于同一家公司，获得对应的股权，即使灾难发生，投资人最多损失投资的金额，仅承担有限的责任，而不需要倾家荡产。这个机制被迅速广泛应用，而荷兰也因此能以举国之力发展海洋贸易，迅速成为当时的少数强国。有了股份，就会有流动的需要，于是股票市场诞生了。所以我们可以看到最初的股份有限公司的使命非常纯粹，即海洋贸易。一方面，海洋贸易有巨大的风险，需要分散风险到每个股东；另一方面，因为海洋贸易有巨大的获利可能，所以荷兰东印度公司的股份被踊跃认购。所以我们看到**股票天然就是风险和利益的孪生子，当你要逐利的时候，你就必须意识到风险**。但是股票不是赌博，不是抛硬币，当荷兰公司某艘船出发的时候，实际上，我们不知道它的结果是安然归来还是一去不返。但是当一定规模的船队不断出发的时候，我们就知道一定有部分船只可以返航，同时，这些安然回归的船只带来的财富足以弥补之前的损失。这里面有两个地方要注意：

1. **不要把鸡蛋放到同一个篮子里**。这条规则对任何风险投资都适用，如果你只投资于一艘船，那么你就把命运交给了别人；但是如果你投资于整个船队，那么你的风险就大大降低了。

2. **我们关注的不是一家公司的兴衰，而是一个行业的未来**。在当时，贸易就是最好的行业，所以把钱投资在这个行业就可以得到最大的回报。

从以上认知来讲，股票和债券的不同主要体现在风险和收益上：股票收益高，风险也大；债券收益稳定，风险低。**对企业来讲，哪里融资成本更低，就倾向于从哪里获得资本。但是因为以前的中国债市对发债企业有相当严苛的要求，导致大多数企业无法发债，所以在大多数情况下，股市成为企业除了民间借贷之外，唯一的大规模融资渠道**。我们知道，目前股市采用的是核准制，也就是说，一个企业如果要上市，必须满足一定的标准。通过制定这个标准，就形成了一个藩篱，保证了股市内企业的数目。虽然目前为了解救中小企业的融资，这个标准一直在松动，如建立了创业板、新三板，在这些板块中降低了企业上市的标准，但是好歹这个藩篱还是存在的。然而一旦注册制开始实施，就相当于把这个藩篱完全拆掉了。当然，我相信政府会分批、分阶段地去拆除这个藩篱，但事实是，无数的中小企业仍会涌入股市以求融资，直到供需关系重新平衡，也就是说，股市融资成本和民间借贷成本得以均衡。

所以我对未来股市的看法是悲观的，也是乐观的，因为这是一个必须经历的涅槃前的黑暗。什么时候是黎明？我觉得一个迹象是，企业可以从债市融资，分担股市的压力了。这表现为股市中的水分被挤干净了，对于这个挤干净，我大致以为从上证指数来看是在2 000点左右徘徊，不是说不能低，而是说再低就会引起中小企业破产。因为我们可以从以前的救市底线中看到一些迹象，就是一旦大盘指数跌到2 000点以下，中小企业就抱团取暖，自发组织起来救市了。这可能是因为这些企业或多或少有股权质押，而一旦股市继续恶化，那么资不抵债，股权就要被拍卖了，企业就倒闭了。从这个逻辑出发，未来几年2 000点可能会成为新常态的一部分，而对于投资者来说，或许机会就是围绕2 000点的小波行情。

但是，如果把时间放宽到下个10年，我觉得中国还是有很大机会走出阴霾，重振旗鼓的。简单来讲，其原因是我们有更开明的政府；我们国家依旧具有后发优势，可以快速吸取发达国家的经验；同时，新一代的伴随着互联网发展的企业家正在不断成长壮大，而互联网将会引导中国完成产业结构的改革。如果我们最终胜利，届时先锋部队必然是在这10年中迅速发展起来的创新企业。而这就是每一个投资者需要下决断的地方。这个观点非常重要，我会在后面进一步讨论这个观点。

④ 计划

我们在明确了炒股的合理性和可行性之后，在第一部分的最后一节要讨论如何去获取财富？这又是一个非常大的命题，而且是伪命题，因为从历史到今天，获取财富的秘密永远是无法传授的。但是从成功人士身上，我们可以总结一些共性，这些共性就好比是通向成功的99级台阶，虽然最后一级需要每一个人自己去发现，但是我们可以得以顺利地走上第99级，而不需要再一次重蹈覆辙。而在这一部分，我想要讨论的主题就是计划。

我想和大家分享一段非常高屋建瓴的话：

以天为单位看待收益的人，相信的是奇迹和运气；

以年为单位瞄准收益的人，相信的是天赋和能力；

以3~5年为周期规划财务的人，相信的是胆识和眼光；

以10年为单位思考财富的人，相信的是常识和复利；

以更长周期看待财富的人，相信的是时代和命运。

这段话把计划这个概念解释得非常精辟，但也并不是说，做短期的就不如中期的，中期的就不如长期的；而是说我们要把眼光放长远，因为只有放长远才能看清大势，而当我们每时每刻面对遭遇战时，这个大势会帮助我们更加明智从容地进退。

任何一个人做任何一件事都应该制订一个计划，因为人的应变是有限的，对于突发事件的反映通常都不会是最优的。美国曾经有人做过一个实验，研究对象是消防队员，这个职业经常会面临一些紧急状况，需要立刻做出决定。所以一名合格的消防队员，必然经历严格的训练，这些训练的目的是使得消防队员的脑子里形成一些固有模式，当某个突发事件和模式相匹配时，消防员能够按照这个最优的模式采取行动。实际的调查结果，并不如同预先设想的那样完美，实际上每一个消防队员都有不同的特点，而每次遭遇到的险境也都有细微差别。当消防队员不得不在近乎瞬间对危机的处理进行决断的时候，他们仍然倾向于使用最熟悉的方式，而不是最优的方式。

任何一个股市的投资者，就如同上文的消防队员，当面对问题的时候，往往也必须在短时间内下决断，买入或者卖出，跟进或者止损。每天你可能都会面临多次类似的场景，有时你会采取行动，有时你会克制住自己的冲动。无论动或不动，或者如何去行动，日复一日，不断累积，最终你的收益取决于所有这些决定正确与否的总和。

继续重复一个观点，我也将不断重复这个观点，投资股票是一件很艰难的事业，它并不比成立一家公司更简单，所以它不会是一蹴而就的。每一个决心加入这个事业的投资者，都需要做好打持久战的准备。

所以你的最终的收获必然是取决于你所有行动好与坏的总和，而不是某一次判断。对于这一点，这里还有必要进一步展开，因为就笔者身边的很多投资者而言，他们其实并没有理解这个简单的道理。因为他们总喜欢把钱全压在某一只心仪的股票上，然后坐等命运掷骰子。这其实有很大的问题！我们前面讲过了，股票天然就是充满了风险，任何一家出港的小船都有可能倾覆。当你只投资一艘船的时候，或许你可以侥幸成功几次，但是你也因此把这个模式当作成功赚钱的模式。我想任何人都不会轻易放弃这类方法，那么一次，再一次，下一次，没有人会是永远的幸运儿，无论之前有多么成功，只要有一次失败，也会导致你倾家荡产，一无所有。这种孤注一掷的方式，可能会有一时的光鲜，但是必将以悲剧收场，任何理智的人都应远离这种模式。

还记得我们在之前谈到的是去投资一个船队，而不是一艘船吗？**对于股市也是如此，投资一个行业远比投资一只股票要安全得多**。虽然短时间收益不如孤注一掷并且成功时来得猛烈，但是细水长流，时间会让财富慢慢累积。**我们会更容易判断一个行业是否是朝阳行业，而不是一个公司是否一定会成长为独角兽**。一个公司的成功和失败都有大量的偶然性。马云的阿里集团，如今俨然已成长为一个雄伟的帝国，但是也有不少人说，如果马云早几年或者晚几年创业，结局可能会完全不同。实际上，在马云之前有做电商的企业家，在马云之后也有做电商的企业家，做的事类似，但结局固然不同，并不是这些企业家能力不行，很多时候运气也很重要，而国家的政策对企业的发展也有很大的影响。类似的例子还有很多，吴晓波写的两本书《激荡三十年》《大败局》里面讲了很多企业的兴衰，相信大家看了会更有感触。类似的例子国外也不少，如中国投资者比较熟悉的柯达、诺基亚等著名公司，曾几何时雄姿英发，现在前者已经破产，后者也早已失去曾经的行业领先地位。**所以我的观点是：不要买一只股票，而是买某几个行业的多只股票**。只有这样，才能尽可能规避风险，不至于最终白忙一场。

以上说了一个最基本的方法，实际上这个方法也并不是最好的，因为它对抗不了系统性风险。比如2015年的股灾，覆巢之下，焉有完卵？好的行业，坏的行业，一锅端！这种时候我们就会想，是否还有更好的策略可以规避这个风险？

一种比较朴素的想法是**别把钱全部放在股市里**。股市总有潮起潮落，当潮起时，每个人都是英雄高手；当潮落时，又有谁不是在裸泳？！如果你把生活必需的钱，甚至超过自身负荷的钱都投入股市，如同上面所说，如果你成功了一次，你就会再接再厉，直到面临最终审判！鉴于以上原因，很多人把钱进行了分割，比如一部分钱购买国债，这是最安全的；一部分存为活期存款，以应对生活必需；剩下的钱投入股市。或者更高明的做法是把剩下的钱在多个市场中分布，比如股市、期货市场、汇市等，因为这几个市场并不联动，即当股市崩溃时，其他市场仍然会稳定运转，这样可以有效降低损失。但是，这个方式对于机构是适宜的，对于普通投资者而言则太过复杂。

我不建议借钱炒股。我也看到很多前辈都曾劝诫后进者不要借钱炒股，除非这个钱是别人入股，风险共担的。这是金玉良言，可惜很多人吃了亏后才明白这个道理。在2015年的股灾中，有很多企业家是拿抵押的企业贷款炒股，也有很多股民卖了房子炒股，从而引发了很多悲剧。这应作为血泪的警示，即使赚不了大钱，也绝不要落到这个地步。

上面的方法讲了如何分配资金，以及如何降低买入股票的风险，在这两个基础上，还有继续优化的可能，就是**不要一次下注所有的金钱**。这一条建议其实并不新鲜，它来自于一个想法，如果你是一个赌徒，手上有一些筹码，现在假设你和某人对赌，你有60%的胜率，那么你是否愿意赌？这个问题实际有个陷阱，就是你无须一次性拿出所有的筹码来赌。秘诀也同时在这里，如果你一次性对赌，那么你仍有40%的可能失败，实际上40%的可能性对于你只进行一次的赌博毫无帮助。但是如果你把你的钱分成多份，那么你最终获胜的可能就会不断增加，你很快意识到，随着你切割的钱越小份，那么获胜就变得更加容易。这个结论源于概率，当重复越多次数时，结果越靠近概率；而当仅进行一次时，任何结果都可能发生。从这个角度来看，任何一个理智的投资者，无论如何都不应该一次性下注所有筹码。

但是我们还必须找到某种方法来定义当前的胜率，如果当前的胜率低于50%，那么就不是下注的好时机。

赌博是一锤子买卖；但是股票赢了不代表翻倍，输了也不会一下子一文不值，所以这里还需要去考虑止损和止盈。

因为股票的这个特性，如果不使用杠杆，那么我们就不能把资金切割得太小，否则每次下注太少，就会导致盈利太少，效率太低。

以上的每个问题都不简单，我们会在后续一一讨论，就不在这里展开了。

如果以上讨论都明确了，那么接下来我们制订计划就相对简单了。将我们的整个投资从最小的单元来看，再以时间分割，就可分为以下几个阶段。

事前

重点是资金管理和选股。目前沪深两市共计有2 000多只股票，后续还会不断增加，如何从中挑选一些合适的股票？一是从技术角度挑选，二是从社会变革的方向挑选。我们后面会详谈这些方法，这里先略过。

事中

主要是买入和卖出。如何选择相对有利的位置买入？何时卖出？这些问题我们以后也会一一讨论。

事后

根据股票发展的最后结果，比对之前的预期进行分析，是继续坚持还是放弃原有的计划？这一步也非常重要。兵法里面讲权变，因为变是无时无刻不发生的，但是这个变不是毫无目的的，而是特指针对计划的变。正因为你做了种种准备，种种计划，你才能去比较发现，最终的结果是否和你预期一致，从而进一步优化或者调整你的计划。

我们经常看到一些德高望重的股评家今天说大盘要上多少点，明天可能又悲观了，说大盘要跌多少点，这些不是变，只能叫随波逐流。当我们有了准备，有了计划时，我们就能判断，这次波动是否合理。如果波动合理，我就继续坚持之前的方案；如果波动异常，那么就得采取动作。

除了事前、事中、事后的讨论，另一个可以谈一下的是突发事件。突发事件的类型有很多，比如天灾，如飓风造成的损害，每年冬天因为积雪导致的种种问题；人祸，比如战争、恐怖事件、病毒等等。每次这些事件来袭，都有可能对股市造成冲击，但是这个冲击是短暂的，股市很快会恢复过来。比如大家曾经经历的非典型肺炎（SARS）病毒，当时影响了亚洲的旅游业，当时所有在A股上市的航空公司都受到很大的影响，但是后来当疾病得以控制，危机解除了，这些公司的股价便快速恢复。类似的事情，大家都可以自行研究。

事前、事中、事后形成一个循环，这是每一天的工作，每天的努力积累最终决定你未来的高度。做股票不是一锤子的买卖，做股票是细水长流，是一生的事业。

最后，我想分享一下巴菲特的投资清单，如表1-1-2所示，我们来看看他的财富之路是如何一步一步走过的，我们会在以后的章节继续讨论巴菲特的理念以及这个理念如何帮助个人投资者，现在我们只是初步地看一下这张图。我们可以看到巴菲特的财富不是一蹴而就的，巴菲特也并不是百战百胜的，但是时间加上大多数正确的选择，帮助巴菲特成就了财富人生。

表1-1-2　　　　　　　　　　巴菲特历年收益

年份	年变化率（%）		
	伯克希尔每股账目净值（1）	标普500指数（包含股息）（2）	差值（%）（1）-（2）
1965	23.8	10.0	13.8
1966	20.3	−11.7	32.0
1967	11.0	30.9	−19.9
1968	19.0	11.0	8.0
1969	16.2	8.4	24.6
1970	12.0	3.9	8.1
1971	16.4	14.6	1.8
1972	21.7	18.9	2.8
1973	4.7	−14.8	19.5
1974	5.5	−26.4	31.9
1975	21.9	37.2	−15.3
1976	59.3	23.6	35.7
1977	31.9	−7.4	39.3
1978	24.0	6.4	17.6
1979	35.7	18.2	17.5
1980	19.3	32.3	−13.0
1981	31.4	−5.0	36.4
1982	40.0	21.4	18.6
1983	32.3	22.4	9.9

续前表

年份	年变化率（%）		差值（%）（1）-（2）
	伯克希尔每股账目净值（1）	标普500指数（包含股息）（2）	
1984	13.6	6.1	7.5
1985	48.2	31.6	16.6
1986	26.1	18.6	7.5
1987	19.5	5.1	14.4
1988	20.1	16.6	3.5
1989	44.4	31.7	12.7
1990	7.4	−3.1	10.5
1991	39.6	30.5	9.1
1992	20.3	7.6	12.7
1993	14.3	10.1	4.2
1994	13.9	1.3	12.6
1995	43.1	37.6	5.5
1996	31.8	23.0	8.8
1997	34.1	33.4	0.7
1998	48.3	28.6	19.7
1999	0.5	21.0	−20.5
2000	6.5	−9.1	15.6
2001	−6.2	−11.9	5.7
2002	10.0	−22.1	32.1
2003	21.0	28.7	−7.7
2004	10.5	10.9	−0.4
2005	6.4	4.9	1.5
2006	18.4	15.8	2.6
2007	11.0	5.5	5.5
2008	−9.6	−37.0	27.4
2009	19.8	26.5	−6.7
2010	13.0	15.1	−2.1
2011	4.6	2.1	2.5
2012	14.4	16.0	−1.6
复合年收益（1965—2012）	19.7	9.4	10.3
总收益（1964—2012）	586 817	7 433	

资料来源：http://www.thebuffett.com/performance.html#.Wh-p74aWZdg.

第二部分

溯 源

我们现在说股票，往往只是讨论股票的价格变化。比如说为什么某只股票昨天涨了，今天跌了？明天又是否会涨？面对这一类问题，目前一些所谓主流的方法要么是从股票价格本身的趋势进行分析，要么就是依据一些传闻留言来勉强解释。我以为股票价格是综合反映了当前股票的状态，里面包含了这只股票背后公司的运营状况、市场和股票本身的相互作用、投资者对市场的信心等等，如果不深入理解这些概念，是没有办法真实理解股票价格变化的原因的。有投资者说，"在股市，能看懂多少，就能赚多少钱。"姑且不论对错，但是有一点是肯定的，如果任何一个人完全没有对股价变化的自主解释，而是人云亦云，或是对股票的理解一日三变，那么这样的炒股，一定是有问题的。

所以在这一部分，我们希望能够逐个聊一聊股票价格背后的因素；然后从无到有，从简单到复杂，逐步建立一些观点；最终要达到的目的是，可以有限地、合理地解释一些股票价格变动的原因。这里要强调一点，股价很多时候是无法预期的。这个观点，我们下面会谈到，但是身为一个投资者，很多时候要盈利，又必须去预测股市，这是一个无法回避的矛盾，所幸这类矛盾在人类历史上已经屡见不鲜，也有一些既定的方法可以帮助我们去应对，在股市中也可以借鉴这些方法。

1 发端

　　我还是想从现代股票的起源开始，因为一方面，当一个事物成熟之后，它会非常复杂，有太多因素相互促进又相互制衡，挑哪一个讲都很难；但是，如果追溯到它最初诞生的时候，情况会简单很多。另一方面，这些最简单的满足条件，肯定又是最基本、必须的，所以选择这个切口来讲会方便很多。

　　我们之前讲过，股票最早是在荷兰产生的，产生的原因是因为那个时代是大航海时代，荷兰重视海洋贸易，希望举全国之力来开展海洋贸易，进而产生了股份有限公司，因此产生了股票，进而产生了股市。这个解释虽然正确，但是相对简陋，并不能让我们理解股票本身隐含的一些意义。比如，当时的荷兰并不是海洋贸易最发达的国家。比它资格更老的有葡萄牙、西班牙，葡萄牙基本上垄断了非洲、亚洲的航线贸易，西班牙则基本掌控了美洲航线。荷兰当时只是经营欧洲本身的贸易，把西班牙从美洲获取的黄金，以及葡萄牙从印度获取的香料在欧洲买卖，可以说只是一个中间商的身份。那么为什么股票没有在葡萄牙、西班牙诞生，偏偏在荷兰产生了呢？实际上不仅是股票，甚至是现代的银行业、期货、期权之后都相继在荷兰产生，在荷兰这个弹丸之地，一个国家就把现代世界的金融雏形建立起来，这里面是有更深层次的原因的。甚至在当时，荷兰究竟算不算一个国家都是一个很有趣的问题。

当时，荷兰并不算是一个国家，更多是一群商人祖辈在一块土地上安身立命而已，所以当西班牙的国王很简单地宣布荷兰是西班牙的一部分时，没有激起任何形式上的反对，荷兰人当时的反应是无所谓。然而当西班牙随即对荷兰居民征税时，却引起了民众很大的反抗。因为当时荷兰是由很多商团组成，商人重利轻国，你要一个名分可以，但要钱不行。所以后来荷兰人把西班牙人赶了出去，是因为钱，不是因为名义。随后他们还是不想管理国家，于是请英国女皇来帮忙管理，自愿成为英国的一部分。英国女皇欣然接受，不过接下来她所做的第一件事还是征税，而且比西班牙要求的还多。荷兰人又不干了，再次赶走了英国人，这次他们想明白了，还是自己成立一个国家靠谱。但即使这样，这个国家的概念也与邻国西班牙、葡萄牙和英国不同，国家并不是最重要的，商业仍然是第一的。我们可以从后来荷兰和清朝的贸易情况看出来，当时欧洲诸国都希望能够和清政府开展贸易。但是有一个绕不过去的问题，就是你要找皇帝谈判，首先得低头屈膝，这一点欧洲人普遍不能接受，所以欧洲与中国的贸易就一直卡在开头没有任何进展。等到荷兰开展和中国的贸易时，荷兰人觉得贸易第一，什么面子问题都是靠后的，所以荷兰人是第一个低头屈膝的，也因此获得了和中国开展贸易的机会。

所以当时荷兰是一个商业气息非常浓厚的地方，而股票乃至现代金融体系就是在这样的土壤中诞生的。而股市是否能够茁壮成长，其实和当地的商业发展息息相关。而商业的土壤，目前来看又是由民主、法制、市场经济等因素构成，这方面最好的例子可能是美国。先不论美国是如何对外强权的，但是对内，民主、法制、市场经济等基本上是美国精神的核心理念。所以从这个角度来说，**是否看好一个国家未来的股市，预期一下这个国家是否以民主、法制治国，是否坚持市场经济的理念，其实就会得出一个大概的结论。**弄清楚为什么民主、法制对一个国家非常重要，以及加深对市场经济的理解，会帮助我们更加了解国家未来的一些政策目标。

　　所以，当荷兰意图集资发展海洋贸易，采用的是股份有限公司的形式而不是发债的方式就很好理解了。因为它本来的思维就是商人的思维，商人做买卖，大家都凑个钱是很自然的做法，而发债更多的是国家为战争筹资的行为。凑份子比发债显然更符合荷兰人当时的价值观，所以最终成立了荷兰东印度公司来进行远洋贸易。这个公司刚成立的时候，其实也没有几条帆船可以出航，所以当时老牌的西班牙、葡萄牙对此是非常不屑的。但就是这么一家公司，在几年以后，引领荷兰超越了当时的老大哥——葡萄牙、西班牙，打败了竞争者英国。这是依靠什么力量呢？当然，历史上荷兰最终被英国打败，而英国发展成为后世所称的日不落帝国，荷兰东印度公司的威名也最终让位于英国东印度公司。然而即使是威风赫赫的英国东印度公司，最终也难逃时间的制裁，那么导致这家公司解体的原因又是什么？我们会在后文继续阐述这个话题，而这段历史对于我们分析现在的情况会非常有帮助。

❷公司

在这部分讨论之前，有必要先普及一下公司的一些常识，熟悉的读者可以自行跳过。如图1-2-1所示。

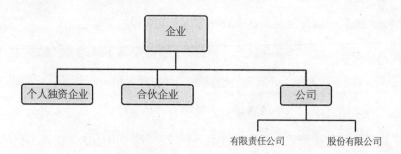

图1-2-1 企业组织的类型

企业分三类：个人独资企业、合伙企业、公司。从税收来说，办一家公司要缴纳公司所得税、个人所得税；而个人独资企业或者合伙企业只需缴纳个人所得税就可以了。那么在税收差异如此巨大的情况下，实际上目前大多数的企业仍然是以公司的形式存在的。为什么？实际上公司作为历史上最伟大的发明之一，它的出现就是解决了个人独资企业和合伙企业的重要缺陷。

首先，这两种企业都是无限责任的，也就是一旦出事，大家都会倾家荡产。其次，这两种企业都非常依赖创始人，公司的辉煌往往是创始人缔造的；反之，如果创始人出问题了，公司就垮了。合伙企业是只要有一个合伙人出问题了，所有合伙人都会因为无限连带责任跟着"背黑锅"，从而谁要退出，谁要进入，需要得到所有合伙人的认同。但是我们知道众口难调，所以实际上股权的流动性非常困难，即融资困难，退出困难。

股份有限公司的发明，很好地解决了这个问题。它的想法是：首先，公司的股东不再承担无限责任，而是有限责任，即股东最多失去他投入这家公司的所有钱，但是这家公司之外的股东个人的财产不会受到影响。其次，把公司的拥有者和经营者分离，公司的创始人和其子孙可以一直拥有这家公司，但是公司的经营可以交给职业的经理人来负责，这样就解决了创始人变故，公司后继无人的尴尬，大大提高了公司的生存周期。再次，股份有限公司将公司的资产证券化，即从大份拆分成小份的基本单位，大大提高了股权的流动性。也就是说，一个合伙人的大份股权无需由某一个投资者全权接手，而是可以方便地由若干投资者共享收益和风险。

大致了解公司的概念后，我们来探究一下世界上第一只股票为何受到追捧。

世界第一只股票是荷兰东印度公司发行的，我们已经多次谈论到了。最初的时候，人们买某公司的股票是因为认可这个股票背后公司的潜力。当年的荷兰东印度公司，从事的是当时利润最高的行业；同时因为国家入股，有国家的公信力，两者相互叠加导致了股票的热卖。所以从这点来讲，**股票的价值取决于公司的潜力和人们的信心**。

这是一个最基础的模型，可以认为是价值投资的起源。但是随后我们也看到了，很多时候部分股票的涨跌和公司业绩无关，更多是由于投机所引起的，我们会在后面讨论这种衍生的情况。在这一步，**我们先假定股价和公司的价值相符，或者更精准地说，股价围绕价值波动**，那么遵循这个假设，**我们购买股票的思路就必然是买入那些价值被低估的股票**。而要做到这一点就必须有办法估算公司的价值。

实际上到今天为止，大致有过四类判断公司价值的方法，我们简单了解一下。

第一种方法叫**账面余额法**。也就是通过查看企业的资产负债表，把资产减去负债，剩余的资产即企业价值。这种方法简单暴力，既不能反映企业的无形资产，包括企业的品牌、企业管理人员的能力等；也不能反映企业的潜力，比如企业是高增长企业，还是连年亏损企业，所以实际上没有参考机制，只能说是前人的一次探索。

第二种方法叫做**资产重置法**。也就是说，你的公司现在已经占用了一块地皮，召集了一些人，买了一些设备，并生产了产品。那如果我要开和你类似的公司，租借这块地皮，地皮有可能现在比以前升值了，再聘用这些人，购买可能更先进的设备来生产这些产品，然后估算获取客户需要多少钱，再加上时间成本，那么将这些都加起来就是这家企业的价值了。这个方法的一个优点是，可以准确计算资产的价格，比如之前的地涨价了，设备折旧了，这些都会被考虑到，因为我最终要到达这个输出产品的规模，至于地价和以前不同，设备和以前不同了都会被综合考虑进去。虽然这个方法同样没有考虑到公司的无形财产，但是与账面余额法相比，其实多少兼顾了公司的成长性，因为这是复制到同一行业，拥有同一经营目标的公司。假定在品牌和管理相同，并且天时、地利、人和相同的情况下，这两家公司的成长就是类似的。所以如果你投资一家公司，并且这家公司的品牌价值不大，公司的经营也马马虎虎，或者这个行业本身就是暮气沉沉，那么我们就可以用资产重置法来进行价值估算。

第三种方法就是**市场类比法**。也是当前私募股权投资机构（PE）和风险投资机构（VC）给企业估值用得比较多的，即根据企业的类型类比当前上市的某家企业，获取该企业的市盈率，打个折扣再乘以当前企业的利润就可以得出该企业的价值。折扣的大小视企业发展的阶段而定，假设我们认为企业上市指成熟期，那么天使轮就是企业的萌芽期，PE是企业的成长期，VC是企业的快速增长期，不同阶段企业面对的风险和盈利都不同，最终体现在折扣的不同上。那么市场类比法相比前两种方法应用更广，但也并不是万能的。正如这世界上没有两个相同的蛋，你所类比的企业总是和你的企业有不同之处，这些不同之处究竟会对企业造成多大的影响，则是一个非常主观的看法，而这个看法必定影响到对公司价值的估算。

第四种方法是**现金流量法**。它的想法是用历史推断未来，即根据最近几年的盈利能力，推算未来几年的盈利能力，再把这些盈利折算到今天的价格上，这个价格就是公司的价值。这个方法，我以为可以算是第二类方法的补充，当你很难找到一家类似的上市公司时，那么你只能根据公司本身的潜力及未来的价格来估算今天的价格。当然这个方法基于太多的假设，什么过去盈利，未来就能盈利啦；公司未来的几年不会倒闭等等，所以本身非常不确定。但是对于一些新兴的行业，没有前者，没有来者；而且这些公司，尤其是科技公司，往往是轻资产，更加强调管理能力和品牌，那么这个时候现金流量法就成为最后的一根稻草。

对于以上四种方法，姑且不谈其准确性。首先，估算并不是一件简单的事。其次，即便你估算出了具体数字，并不是说就可以对这些数字放心了。实际上你还需要持续地跟踪这些公司的现况，因为这些数字毕竟是历史，而公司的未来从来只能取决于公司当前的作为。

所以从以上角度分析，**这些逻辑都是非常有意思的，但是并不适合个**

人投资者。说白了，这个战场就是以机构为主，小散户进去，完全是以卵击石。

因此，个人投资者就需要重新考虑：是不是好的方法就是适合自己的方法？我们需要的是以一种更简单、直观的方式去发现有价值的公司。而这个答案，依旧要从历史中去获取。

我们说过，股份有限公司最早在荷兰诞生，但是后来把公司发扬光大的是在另一个半球的美国。当哥伦布发现美洲后，不断地有欧洲移民到美洲开荒。其中一部分人是新教徒，因为受宗教的迫害，被迫来到美洲。这些人实际上都是属于有智慧、有见识的人，正是这些人把欧洲当时的很多新事物带到美洲，包括股份有限公司、金融市场等。辽阔的国土、先进的思想，以及远离战争的环境，导致公司在美国迅猛增长，在数量上很快超越了英国。美国因此成为世界第一大经济体。

然而快速的发展，导致了公司规模快速扩大，管理成本骤升，公司效率下降。这个普遍问题制约了美国公司的进一步发展。有问题，就会有人解决问题，公司的组织制度第一次被正式提出。而对组织制度的研究最终解决了公司规模和效率的问题，让公司的发展再一次增速，也就是在这个时候，很多美国的大型企业诞生了，比如标准石油公司、通用汽车等。

在这里，我们可以看到一个成功公司的第一道门槛就是公司制度。一个良好制度的公司必然会逐步提升公司的效率，反之亦然。当这家公司的效率逐步提升时，至少当下这家公司必然会有不错的制度。这个结论会对我们有所帮助，我们看公司的季报、年报，当公司收益增加时，公司会给出原因。当其中出现因为改进流程而使得营业收入增加时，在某种程度上就意味着公司采用了先进的制度，而它的未来也会比其他公司更为光明。

当美国公司如日中天时，日本公司的崛起则给了美国当头一棒。日本的崛起，主要因为以下原因。

日本有后发优势，拥有后发优势的国家如果采用宏观调控，而不是市场经济，就着前人的脚印可以实现快速增长，这个模式最初在德国被发明，然后在苏联、日本、中国都得到验证。当然，这个模式也有问题，也就是一旦后发国家追上了先发国家，那么宏观调控很可能导致大灾难，当年的苏联解体、日本经济崩溃同样验证了这个结论。我个人的观点是，**后发国家在追近发达国家的时候，需要把经济体制从宏观调控更多地切入到市场经济，让市场在大多数的时候决定方向，而宏观政策只是作为当市场机制失败时候的一种保护措施。**

日本给公司注入了文化。这是日本的发明，因为日本的文化此前主要承袭了中国的文化思想，里面有一条是重农轻商。而当日本从被西方叩开国门，到决定学习西方的商业、军事等时，就出现了文化的矛盾。文化的矛盾最终并没有导致两败俱伤，而是在日本精英的努力下相互融合，商业从为私利转变成为国运，儒家文化作为新的能量被注入公司。人们很惊讶地发现，当公司和文化结合以后，公司的效率进一步大幅提升，在这一期间日本一度赶超了美国。

在继续之前，我想谈论一下什么是文化。因为文化是公司的第二道门槛，只有跨过这道门槛的公司，才能有机会成为世界一流的公司。

什么是文化？每个人对文化都有解释，我听到最靠谱的解释是，文化不是用嘴说的，而是用生命来捍卫的；至少是大家的共同意识，是一说出口，就能引起一致共鸣的。

打个比方，假设我们现在随便拉一个人问他，如果你做了高管，你会不会以权谋私？答案如果大都肯定，那么这就是一种文化。当然这种文化是病态的，如果任由它继续在社会中存在，那么这个社会的效率就会降低，所以我们看到现在政府在不断地反腐，并且不断地谈中国的文化遗产，其目的就是希望能够把这些陋习驱逐，让我们增强对国家和社会的信任。

当日本经济不断强大时，美国公司受到很大影响。在这个时候，美国这个曾经一度经济领先的国家，不得不到日本取经，也就是在这个时候总结出公司加文化的概念。但是文化这个东西其实是很难短时间人为促成的，西方也很难学习东方的儒家文化。在这样的情况下，**美国试图寻找到自己的文化，以提升公司的能力，这个文化就是创新**。创新并不是一件很稀奇的事，在中国古代就有四大发明，其他的小发明更是数不胜数，但是中国以前是没有创新文化的。当创新和文化相结合，也就代表着创新不是个例，而是规模涌现，这在美国表现得最为明显。很多人会解释为是因为美国的制度，包括自由、民主、法制等。**我以为自由、民主、法制都是方法，这个方法最终的目的是开启民智，只有整个国家的民智被开启了，创新文化才能出现**。美国和日本的经济竞争，最终美国胜出。

对于中国来讲，目前实际上处于一个很尴尬的处境，一方面这一代中国人已经和传统的文化相距太远；另一方面，也没有形成创新的文化。或者从乐观的角度来讲，我们可以选择拾取往昔的传统来形成文化观，或者干脆继续走创新文化的道路。**这就给我们一个启示，当我们判断公司价值的时候，创新能力将会是影响公司价值的非常重要的指标**。

综上所述，对于普通投资者而言，解读公司的价值时，更应该关心公司的制度管理和创新能力。如果我们耐心地看一下公司的年报，就可以把优秀的公司过滤出来。当然，一个更简单的方法，就是看看每年福布斯的高潜力公司，其中上榜的公司基本上都满足以上条件。

3 价格

说完公司，我们重新回到股票。当股票交易发生时，就形成了股价。如果沿用经济学的一整套方法论去看待股票，也是非常有意思的。

古典经济学通常先假设，**每个人都是聪明、理智的**，然后基于这个假设去研究问题。

首先，假设市场上只有一只股票，那么股票的价格会被什么因素影响？我们可以用供求关系曲线来研究，纵轴是价格，横轴是股票数量，如图1-2-2所示。

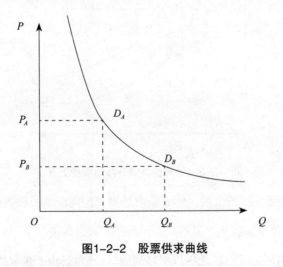

图1-2-2 股票供求曲线

当一个公司的股票上市后，实际上公司的股票总数通常是会发生变化的，比如配股、增发等，都会造成公司股票总量增多，那么根据上图的关系，当股票总量增多的时候股价就会下跌。当然，有时也会有逆回购等情况，这个时候市场上股票总数减少了，股价就会上升。

我们还可以注意到，股票数量乘以股票的价格是一个常数，这个常数反映了公司价值的量化，也就是说，**在公司价值本身没有发生改变的情况下，那些类似增发、分红、配股、逆回购等行为导致的价格变化，实际上并不能使投资者受益**。从图1-2-2中可以明显看到矩形的形状在不同的点有所改变，但是面积没有变化。

那么会不会有在股票数量不变的情况下，股价得以增长的情况呢？答案是肯定的。如图1-2-3所示。

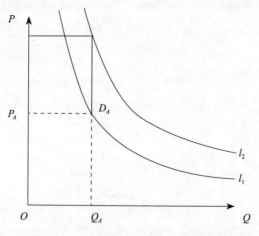

图1-2-3　公司价值提升推动股价上升

当线l_1平移到线l_2的位置，那么在市场拥有相同流动股票数量的前提下，股票的价格升高了，我们可以看到矩形的面积较之前变大了，而多出的面积就是投资者的收益。而**线l_1之所以平移到线l_2，通常是由于企业的效率提升带来了价值的提升**，可能因为改造了流程，开发了新技术，或者政策倾斜等原因。大家可以类似推测一下，当企业价值下降时大致会发生什么样的情况，比如一个场景是，企业经营不善导致了企业价值下降。

所以从这个图上可以简单地看到，投资者应该关心公司的价值，而不是公司的股票价格。

我们依旧还是研究一个公司的情况，我们研究在公司价值不变，同时公司股票数量也不变的情况下，价格变化的原因。

我们还是假定每个投资者都是聪明、理智的。那么对于做多者，其曲线如图1-2-4所示。

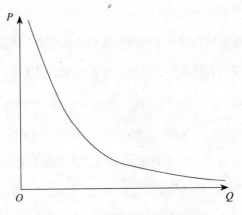

图1-2-4 股票供求曲线（多方）

这里要引入**边际效益**的概念，简单来讲，我们认为多方在不同的价格下，买入股票的策略是不相同的。他们在股票低价的时候，大量囤积股票；而等到股票高价的时候，不再随意买入，所以是一个曲线的概念。

同理，我们认为理性空方应该是当股价越高时，越有可能做空；而当股价非常低的时候，不再做空。我们把空方与多方曲线叠加起来，如图1-2-5所示。

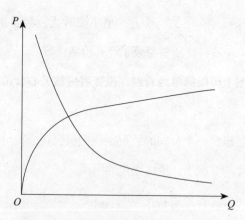

图1-2-5 股票供求曲线（多方，空方）

图中空方和多方两条曲线交汇的点，就是股票价值。

因此，我们就可以得到一个非常经典的股票理论，也就是股价是围绕公司的价值波动，投资者应该在公司价值被低估的时候买入，在公司价值被高估的时候卖出，这也是价值理论最核心的观点。至于后面衍生出来的如何确切地量化公司价值的许多方法，已经是术的层面了。

以上观点都是基于投资者是聪明、理智的，我们在之后会挑战这个假设，但是接下来先让我们继续使用这个假设，毕竟它让很多讨论更简单。

当完成对一个公司的研究后，我们可以试着继续对两个公司进行研究，下面来分析当考虑两个公司时，它们的股价会如何互相影响。

我们首先要回答一个问题：为什么我们要持有两家公司的股票？我们可以分两种情况进行回答：

1. 这两家公司完全无关，比如一家是医药公司，一家是娱乐公司。

2. 这两家公司有关联，比如一家公司生产锂电池，一家公司生产电动汽车。

在第一种情况下，持有两家公司的目的是为了避免风险。比如你全资投资了娱乐公司，然后因为一些政策原因导致整个娱乐产业遭遇寒冰，那么你投资之前的判断没有问题，但结果是"竹篮打水"。在这种情况下，将资金分散投资是一个很好的策略，因为通常医药行业和娱乐行业同时出问题的可能性不高。那么当黑天鹅飞过的时候，你不至于走投无路。

当我们出于控制风险的原因来配置资金时，（当然，更好的配置是把资金在债券、股市、期货等中分割），那么每个公司应该分配多少资金呢？

经济学中有一个概念叫生产可能性边界，可以给我们一些启示，如图1-2-6所示。

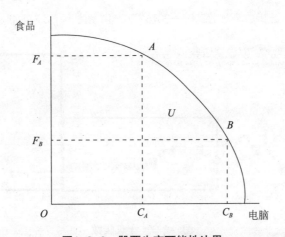

图1-2-6　股票生产可能性边界

我们假设市场上仅有食品公司和电脑公司的股票，当我们投入所有资金的时候，我们的某种资金分配便落在这个曲线上，那么在这个曲线内的点，就是部分投资的情况。在这个曲线上，任何一点实际上都代表了一种资金分配。我们知道收益是和风险成正比的，高科技公司永远比传统公司有更高的收益和风险。**所以保守的策略是在A点，即以食品为主，电脑为辅；反之则为B点，即电脑为主，食品为辅。**

我们这里谈到的**保守和激进的心态，因人而异，因市场信心而异**。因人而异的问题可以这么解决，我们假设这个市场的人是多样的，平均下来一半偏向保守，一半更加激进，两者相合，不偏不倚。接下来看市场的问题，我觉得一个无需验证的结论是，牛市的时候往往人们更加激进，而在熊市的时候人们趋向保守。**如果以上推理正确，那么一个明显的现象就应该是，在熊市，选择传统企业占优；而在牛市，选择创新企业占优**。假设把沪深300指数作为保守指数，而把创业板指数作为激进指数，我们来看看这两种指数在2008年到2016年之间的表现。

我们以上证指数来划分2008—2016年间的牛市和熊市段，如图1-2-7所示。

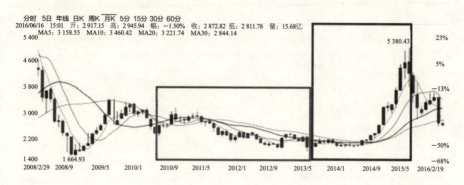

图1-2-7　上证指数

资料来源：新浪财经。

经过大致划分，熊市为2010年6月至2013年7月，而牛市为2013年8月至2015年6月，分别取这两段时间的沪深300指数和创业板指数的最高点、最低点，如图1-2-8与表1-2-1所示。

（a）沪深300指数

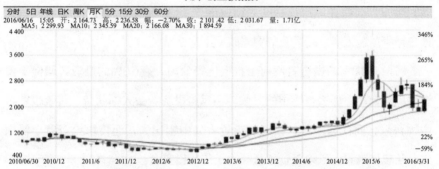

（b）创业板指数

图1-2-8　2010年6月—2016年3月各指数趋势

资料来源：新浪财经。

表1-2-1　　　　　　2010年6月—2016年3月指数收益情况

指数	熊市			牛市		
	最低	最高	收益(%)	最低	最高	收益(%)
沪深300指数	2 013	2 795	39	2 023	5 226	158
创业板指数	601	1 221	103	601	3 667	510

如果仅从以上的结果分析，我们可以得到以下结论：

（1）高风险的配置震荡更剧烈；

（2）在熊市时，资金从高风险配置中大量抽离，而与此相对，传统企业这个时候会相对稳定；

（3）在牛市时，资金更倾向于高风险配置，高风险配置比传统配置的增长高了近3倍；

（4）总体上人们更喜欢高风险的配置，所以高风险配置的总体收益明显好于传统行业。

因此，假设我们始终必须把所有资金投在股市，那么最好的配置是在熊市投资传统企业，而在牛市投资高风险企业。

当然上述结论实际是个伪命题，因为对于投资者来说，往往只能事后才能判断出当前是在熊市还是在牛市，而这个时候往往股价已经到底或者到顶，无所谓配置了，所以我们要修改一下这个结论。

假设有40%的投资者倾向于投资传统公司，有60%的投资者倾向于投资高风险公司，那么当牛市的时候，高风险投资者会大幅获益，传统投资者中幅获益；而在熊市时，高风险投资者会中幅损失，而传统投资者小幅损失。从总体来看，风险投资者获利大于传统投资者。

这个结论更能解释这个现象，但是也引出一个问题，为什么高风险的投资从长远来看反而会有更好的回报？这个问题，我以为是和国家的发展息息相关的，因为在过去，我们和发达国家相比始终处于落后的位置。而对于落后的国家，有种优势叫做**后发优势**，也就是说我们可以参考发达国家之前的发展路径，可以避免出现发达国家犯的错误，相当于拿着攻略打游戏，所以从这个角度，这些所谓高风险的企业，也并不是那么高风险。

我觉得以上这个趋势会持续下去，直到我们逐渐接近或者成为发达国家，到那个时候，因为无前车之鉴，高风险产业才真的会高风险。**而从今天到那一天之前，无疑，投资所谓高风险的科技公司是一种更好的选择。**

我们讲了当两家公司相互独立时的情况，而对于两家公司相互依存，或者相互对立（比如可口可乐和百事可乐）的情况，就留给读者自行思考了。

以上这些讨论，实际上是基于参与者都是理智、聪明的这个大前提的，但实际上，现在我们经常可以看到，市场上有时候好公司的股票不一定有好价格；而很多每况愈下的公司的股价却突飞猛进。股票市场也不是有效率的，而是在短期内会出现随机的波动，很多投资者追涨杀跌，而不是低买高卖。**这些现象告诉我们，投资者很多时候并不理智**，因此，我们这里需要把假设更正一下，同时研究当这个假设被更正后，模型结论会出现什么变化。

我们再把初始的假设更加完整地阐述一下：**所有的投资者都是理智的，且所有人得到的信息相同，所有人都可以自由地交易。**

我们把这个假设做轻微的改动，变成：**所有的投资者都是有限理智的，且所有人得到的信息相同，所有人都可以自由地交易。**

这里的关键字是把理智改成有限理智，也就是说人无完人，再聪明的人也不是算无遗策。将两个聪明的人放到一起，他们对于同一件事也可能持有完全相反的意见。

回顾一下图1-1-3中公认的投资大师的收益分布，我们可以看到，因为各自理念的不同，每个人的收益都有所差别。

表1-2-2更清晰地比较了巴菲特和索罗斯的历年收益。

表1-2-2 　　　　　 巴菲特和索罗斯在1969—2002年的年收益率

年份	索罗斯年收益率（%）	巴菲特年收益率（%）
1969	29.38	16.20
1970	17.50	12.00
1971	20.32	16.40
1972	42.16	21.70
1973	8.35	4.70
1974	17.51	5.50
1975	27.58	21.90

续前表

年份	索罗斯年收益率（%）	巴菲特年收益率（%）
1976	61.90	59.30
1977	31.17	31.90
1978	55.12	24.00
1979	59.06	35.70
1980	102.56	19.30
1981	22.88	31.40
1982	56.86	40.00
1983	24.95	32.30
1984	9.40	13.60
1985	122.19	48.20
1986	42.12	26.10
1987	14.13	19.50
1988	10.14	20.10
1989	31.64	44.40
1990	29.57	7.40
1991	53.30	39.60
1992	68.11	20.30
1993	63.25	14.30
1994	3.95	13.90
1995	39.04	43.10
1996	1.48	31.80
1997	17.13	34.10
1998	12.17	48.30
1999	34.65	0.50
2000	15.00	6.50
2001	13.80	6.20
2002	0.05	10.00

资料来源：作者根据互联网相关资料整理得出。

在表1-2-2中我们可以明显看到：在有些年份，巴菲特的收益在增长，而索罗斯的收益在下降；而另外一些时候则相反。

我们可以看到，即使是公认的投资大师，往往对于市场也只能盲人摸象，只能读懂市场的冰山一角；而对于大多数投资者来说，类似的事情更是常见。**这个现象就导致股价的波动，当公司价值不变时，每个人对于公司的价值都有不同的解读。这个解读在不同时间、不同环境中都会变化，而这个变化形成了股价的波动，这也就是股价永远在波动的原因。**

注意我们之前谈的股价都是处于静态，即在股票数量不变的情况下，股价和价值有固定的关系。虽然我们也略谈到股价高于价值和低于价值的情况，但是始终没有说明为什么股价会有波动，而这个波动会导致股价偏离价值。在这里，我们对此做了一个解释，即公司的价值，即使对于最顶尖的投资者来说，都是最棘手的问题。

我们之前已经讨论过什么是公司的价值了，也同时给出了几种常见的估值方法。这里要额外提到的是，这些估值方法往往都是基于过去判断未来的。但是一个公司在运营的时候，实际上每时每刻都在迎接挑战，没有人可以预见下一刻会遇到什么挑战，这些挑战是带给公司帮助还是妨碍，每个投资者只能凭自己有限的理智去大致判断当公司遭遇这些事件后，公司的价值会受到何种影响。我们可以想象这类判断会有多大意义的准确性，正是这些鲁莽的判断不断影响股价，导致股价永不停歇地波动。

当我们开始质疑投资者的理智时，**我们也开始质疑投资者获得的信息是否对称**。我们可以发现生活中的许多例子折射出信息不对称，比如美的、格力、海尔都有相似的电器产品，但是它们的定价各不相同，消费者其实不明白这些定价的差异究竟是取决于背后的技术因素还是其他因素。而正因为这些信息的不对称，影响这些产品价格的因素，并不是这些产品的价值，而是这些产品的口碑，或者说是品牌。

股市中也有类似的情况，当大多数投资者不能够了解股票背后的真实公司时，口碑成为判断公司价值的重要依据。于是口碑良好，或者善于营造口碑、讲故事、讲情怀的公司就会吸引更多的投资者；而踏踏实实干活，不懂营销的"老黄牛"公司则遭人冷遇。**这种情况不断发生，不断叠加，就会导致一部分公司的股价最终大幅偏离公司的价值，而一部分公司的股价则被低估。**

那么，**如果我们认为所有的价格都最终会回归价值，那么一个非常简单的结论就应该是，买入被低估的"老黄牛"，卖出被高估的科技类股票，直到价值回归。**

真实的市场行为要比上述结论更复杂。它更加类似一个明星海选的场景。 当我们从上万的候选者中最后选出选美冠军，这个冠军必然是被高估的，因为我们把她放在了舞台中央的高光处，其他竞争对手都退回到了阴暗处，所有人的注意力都聚焦一处。那么按照我们之前的逻辑，如果我们在海选之前没有投资于这位冠军，那么海选之后也绝不应该再投资，因为她完全可能已经被高估了。

但是实际上，我们会发现，因为她成为冠军，所以会有最好的公司和她签约，这些公司会聘请最好的老师来培训她，请最好的设计者包装她，请最好的营销团队宣传她。那么经过一段时间，这个冠军成为明星，她的能力增长了，身价也增长了。

这个观念就是索罗斯提出的反射理论，也就是说，**价格不仅仅是对价值的扰动，价格同样会影响到企业的价值。**

我对此的解释是：公司上市后，公司的总裁只有经营权，但公司是股东拥有的，股东最关心的是公司的股价问题，这直接和他们的切身利益相关，而公司的总裁为了能坐稳位置，第一要务是保证股价稳定，否则不管你有什么抱负、愿景，一旦股价下跌了，很可能就出师未捷身先死了。所以从股价的角度来讲，价格的变化其实就是起到一个过滤器的作用，它把能够帮助股价上涨的管理者留下了，而把其余的人清理出去，如此往复，最终剩下的管理者都是那些可以帮助公司提升股价的人，其实在整个过程中更好地提升了公司的价值，也就是价值去靠近价格，而不仅仅是价格去回归价值。

以上理论其实已经很好地解释了传统企业的一些现象，但是目前的互联网时代又有了新的问题。因为互联网上市公司的一些指标太极端了，比如说市盈率，可能传统行业的市盈率也就十几、二十不到的样子，互联网公司的市盈率则可以达到几百，甚至上千。而用之前的理论就很难解释。因为如果这样，那么必须有这么一群管理者，他们可以使公司未来价值上涨几百倍！大家都是管理者，管理能力是不是就真的如此天差地别呢？直觉来讲肯定不是。不过我们需要一个理论来支撑，于是又有理论来解释互联网产业，这个理论是说，对于一些行业的公司来说，一旦形成优势，这个优势本身会滚雪球般越滚越大，和管理没有直接的关系，而且这种现象不是现在才有，而是自古有之。

以下例子来自于《复杂》[1]一书。在19世纪90年代，当汽车工业还只是一个想象时，汽油被认为是最没有前景的动力燃料。而当时汽油最主要的竞争对手——蒸汽发动技术，已经发展得相当不错了。蒸汽发动机既安全，又为人们所熟悉。而汽油不但价格高昂，而且发动时声音很大，具有易爆的危险性，很难提炼出有效等级，还要求使用一种复杂的新型引擎和机件。另外，汽油引擎先天就不能使汽油充分燃烧。如果当时事情的发展全然不同，如果蒸汽发动机在这100多年的时间里能够像汽油发动机那样高速发展的话，那么我们现在生活环境中的空气污染也许会大大减少，我们对进口石油的依赖也会大大减少。

---

[1] 梅拉妮·米歇尔. 复杂. 唐璐，译. 湖南：湖南科学技术出版社，2011.

但当时确实是汽油发动机技术获得了发展的机会。这在很大程度上是由一系列历史事件造成的。比如在1895年，芝加哥的《时代先驱报》组织发起了一场非马力车赛，结果以汽油为动力的德耶车（Duryea）一举获胜。也许是这个动因促使兰塞姆·奥茨（Ransom Olds）终于在1896年将汽油发动机专利技术用于大批量生产曲锐型奥茨车（Curved-Dash Olds）。这项技术使汽油发动机克服了启动缓慢的毛病。到了1914年，北美突然爆发了一场蹄嘴病，马饮水用的水槽纷纷被拆除了，而马槽是蒸汽发动摩托车加水的唯一地方。尽管那时斯坦利蒸汽机的制造者斯坦利兄弟（Stanley Brothers）已经研制出凝聚器和汽锅，可以使蒸汽机车无须行驶30英里或40英里就得加一次水，但已经为时过晚了。蒸汽机车再也没机会翻身，汽油摩托车很快占领了市场。

我们现在生活中也不缺乏这种例子，比如网页搜索，使用百度的用户远超过使用搜狗的用户，那么百度的用户又会互相推荐，导致它规模增长的速度越来越快，最终百度吞下市场绝大部分的份额。所以互联网公司的市盈率从这一点来讲并不虚高，因为它们这种强大的扩张能力是很多传统行业不可能具有的，所以就不能用传统企业的价格来定义互联网企业或者类似大规模扩张的企业，而是需要用一种新的观点来看待它。而巴菲特曾说不会投资于互联网上市公司，是因为这和他之前的经验截然不同，他没有找到胜利的钥匙。实际上，互联网公司的一个特点是快，成长得非常快，但是失败得也很快。成长的时候，一个商业模式，几千家公司竞相模仿，但是一段时间之后，只剩下几百家公司了，再过一段时间，能维持下去的就只有那么几家了。说这些的目的是强调互联网公司的风险，所以有时你看到这段时间，某家互联网公司的股票可能短时间翻了几倍；但有时候也没什么特别的问题，股价可以连续腰斩，都是由这只股票背后公司本身的性质决定的。

4 真实

　　到现在为止，我们讲的公司也好，股票也好，实际上走的还是奥地利经济学派的路线，也就是把复杂的问题抽象化，形成一个模型之后再进行讨论。但是按照历史学派的反驳，你说的以上的这些都没有意义，因为每个国家都有其独特的文化，你把这些都抽离了，讨论的前提都不存在了，那结果还有什么意义？对于这一点我们投资者感受非常深刻，我们经常对于某些舶来的理论可以说得头头是道，但是把这些理论放到中国股市后，却没法解释很多问题，所以在这里我们还需要去讨论中国股市的特点，不光讲中国股市，还要类比美国股市，这两个股市各有特点，相互参照，更利于理解。

　　美国的股市，包括金融的一套，大致是照搬荷兰的，与这套体系一起输送过来的，还有市场经济的理念。所谓的市场经济，也就是说，市场的事由市场来决定，政府不要插手。这和中国的股市截然不同，中国的股市是先政府后慢慢放开。而股票市场作为一个市场，也是一开始就崇尚自治的。但是当市场经济发展后，经济危机不期而遇。而这场经济危机让不少人开始思考，市场经济是不是万能药？如果是，为什么它会有这个缺陷？如何解决这个缺陷？而与此同时，当美国发生经济危机的时候，苏联却在计划经济的改革中迅猛发展，丝毫没有受到经济危机的影响。于是美国学者当然要研究苏联的模式，最终他们达成一个共识，宏观调控对市场也非常重要，而这一观点就开辟了一门新的经济学，宏观经济学。在宏观经济学中，主要讨论的就是国家通过各种宏观调控来帮助市场平稳发展。所以从美国股市来说，它是从自由宽松逐渐引入监管或者国家调控这类机制，而且到目前为止，我们依然可以看到，美国股市仍然是以自由竞争为主，宏观调控为辅，这是它的特点。

到今天为止，我们已经很少提及计划经济了，但是对于是否有必要进行宏观调控，仍然存在非常多的争议。宏观调控在短期内见效快，可又有谁管长期呢？我们知道，每次美国总统换届的时候，经济状况往往关系到总统是否可以连任，而美国总统也常常在这一时期，使用一些调控手段让经济更好看一点，增加连任的筹码。

宏观调控和市场经济属于上层建筑的问题，但是也切实影响到经济、股市，所以作为一个投资者去了解这方面的内容是有益无害的。

我们先要理解为什么在市场经济中会产生经济危机。简单来讲，经济危机是市场经济机制必然引起的。举个极端的例子，比如说如果所有美国人都希望买到苹果手机，宁愿节衣缩食，那么所有的投资都会从基础建设抽离，转投苹果公司，所有的工人都去苹果公司工作，以扩大产量。但是某一天，突然大家都有苹果手机了，一下子没人购买，苹果公司破产了，大多数人失业了。因为失业没钱买面包，又导致连最基本的行业也跟着垮台，这些行业的人也跟着失业，这一系列连锁反应导致整个经济一团糟。图1-2-9展示了在经济危机下人们困顿的生活场景。

当我们了解了经济危机的形成之后，我们再来看看宏观调控如何解决上述问题。

假设在苹果公司破产后，政府可以接手这些工人，比如在大萧条时美国

图1-2-9　经济危机下人们的生活

政府雇用大量的失业人员进行修路搭桥的基础工程，这样做的结果是，整个经济机制可以继续运转。工人有钱，不买苹果手机又会购买其他产品，于是一些新的公司成立、壮大，然后开始吸收人力、资源，而政府这时又适时地放手，让一部分被征召的员工逐渐流入新的产业，最后以轻微的代价完成这次交替。这大致是宏观调控的最终目的。真实的情况则更为复杂，比如政府何时入手，何时放手，安排什么工作（一般以公用事业为主）等问题，都是各国不断探索的方向。货币政策是其中一个方法，我们已经从美国的历次调控中可以明显地看到，政府在运用货币政策时越来越谨慎、细微。也就是不是印刷钞票直接投放社会，而是选择那些无辜的公司，帮助其渡过难关，而让那个烂掉的苹果就此终结。

　　今天美国的股票市场是全球最大的股票市场，无数来自美国本土或者世界各地的公司纷纷登陆美国股市进行融资，比如中国的阿里巴巴、兰亭集序、网易、奇虎360等陆续在美国上市。这些公司一旦在美国上市，公司的股东立刻身家倍增，曾经有传统企业家悲叹，做了一辈子的企业，不如年轻人将公司上市赚得多。撇除这个不同时代的哀叹，我们可以看到股票市场本身的含义，让企业家能够将未来的企业盈利迅速变现，而不需要等到经营几十年才能拿到这个收益。这是一个非常大的好处，首先，是把社会的钱非常快速地集中到有才能的人手上，而这个企业家很可能拿了钱继续办企业，或者投资其他企业，这样的行为促进了金融的流动性，以及社会的发展。其次，巨额的财富如此唾手可得，又会吸引更多的才俊投身其中，进一步为社会的增速发展服务。可以说，美国之所以能有今天的强大，它的两个资本市场——债市和股市功不可没。

今天其他的国家不断效仿美国的模式，对于股市的定位，其实就是把它作为社会经济发展的加速器，**所以股市必须搞好，这句话不仅仅是口号，而且是必须要实现的。**排除不可抗因素，**我认为，如果我们把股市作为中长线投资，在当前中国的环境下，本质就是分享了中国发展带来的红利，投入的资金一定会得到合理的回报。**

大致分析了美国股市的演化，我们再来看一下中国股市的发展轨迹。

"橘生淮南则为橘，生于淮北则为枳。"股票市场在不同的土壤中孕育的果实也不尽相同。中国的资本市场至今大致经历了26年的发展，在1990年，上海证券交易所（以下简称"上交所"）的成立标志着中国资本市场的诞生。现在回过头来看，上交所在创立初期，基本上是举步维艰，如履薄冰的。因为很多人会质疑上交所的成立是走资本主义道路，是倒退，应该扼杀。实际上在当时那个年代，能够这样破冰，除了领导的英明外，也是形势所迫。当时所有企业都是国有企业，国有企业的僵化、低效导致整个社会的经济到了悬崖的边缘。通过让国有企业上市，让这些企业能够融资，能够完成转型，从计划经济转到市场经济，中国的经济被一步步从悬崖边上拉了回来。所以我们可以看到最早的一批上市企业都是国有企业。当时大家对国有企业上市还有一个顾虑，担心国有企业上市会导致国有资产流失，所以我国引入了法人股和公众股的概念。法人股是原企业拥有的股份，公众股是该企业对外发行的股份。公众股可以流通，但是法人股不可流通。这个解决方案，也就是股权分置，事后来看是有待商榷的，它直接导致了两个问题：

第一，导致了股市中仅30%的股份可以流通，即可用通过一小部分资金来极大地影响股市的价格，而这直接导致了庄家盛行及恶意操纵股市的情况。

第二，导致了企业家作为大股东，无法从企业经营中获利，因为企业再好，他手持的股份再升值，但是若不能变现，则没有意义，所以就导致后来很多企业家不把企业当作自己利益攸关的资产，而是想尽办法把企业的资产通过一些不正当的方式转到自己的荷包里，这和当初成立股市的初衷是相悖的。

以上问题不是一开始就爆发的，而是有个发酵的过程。当问题逐渐成形并且成为股市的毒瘤，到了非改革不可的时候，大约是在2005年，当时推出了股权分置改革。也就是让法人股可以流通，企业家可以通过经营企业获利，同时使得坐庄成本陡升，从而间接打击了坐庄集团。股权分置改革的方式大家有兴趣可以自行了解。整个股权分置改革大致持续了一年，到2006年最终完成，自此所有的股票都可以流通，给后来10年股市的大发展扫平了阻碍。到2010年，随着股市的快速发展，中国股市的融资额已经超越美国，达到了世界第一。当然，站在国家的立场上来讲，这是一个好消息，因为股市的目的就是给企业融资。但是对投资者而言，企业过多地融资并不是一件好事，或者说，其实美国每天也不断有企业试图上市，这些企业来自世界各地，但是美国的融资规模被中国超越了，在一片歌舞升平中，其实是暗藏危机的。因为只有当股市整体的融资规模和股市中优秀公司的数量一致时，融资规模才有意义；反之股市就成了一个骗局，一个套钱的工具。**股市不再有其核心功能，即无法通过优胜劣汰的丛林法则，壮大优秀的公司，加速劣等公司的毁灭，从而最终提升整个国家的企业水准，推动国家经济发展**。这是很悲哀的，但是相信只是局部的问题，包括为什么现在推出注册制，本质上就是试图解决这些问题。解决这些问题先要把伤疤揭开，但是最终目的是要使股市回归其本身的使命。个人以为，**什么时候这些问题开始解决了，什么时候就是一个最好的历史意义上的入场点**。

这里还想简单地讲一下审批制和注册制。

审批制在中国的股市发展中，经历了几个阶段。最初是额度制，就是国家决定当年股票融资的额度，然后把这个额度分配到各个省市部委，由后者再分配给其下的企业。这种制度其实就是计划经济了，那么前面说的计划经济的优缺点它都有，并且弊大于利，于是额度制退出市场，通道制被创造出来。通道制是根据证券公司之前推行上市的公司规模，分配不同的通道名额给证券公司。在这种模式下，强势的券商通道名额不够用，弱势券商通道名额无处可用，于是就演变成通道的买卖，已经和国家初衷相悖了。在这种情况下，保荐制被采用，进而取代了通道制。保荐制其实就是上市必须满足一些条件，同时找两个有公信力的人来推荐你，通过这种方式来保证上市企业的质量。保荐制一直沿用至今，总体来讲，功大于过。但是保荐制也有问题，首先，一些创新企业，比如互联网公司往往不能满足保荐制的一些条件，比如年收入和盈利要达到一定标准。很多这类公司初期亏钱，是最需要投入的时候，而这个时候却没有条件上市，所以一部分这类企业中的佼佼者选择到美国上市，比如阿里巴巴、百度、奇虎360等。其次，保荐制的审核流程非常冗长低效，同时负责审核的专家对于发展新兴产业的态度偏向于保守。因此以上的问题会严重影响企业的融资速度，而那些可以幸运上市的企业，因为稀缺性，都会获得大量的资金投入，导致其股价远远偏离其实际价值。引入注册制的根本目的是解决上述提及和未提及的所有问题。我们如果仔细思考一下，不管审核制如何发展，它有一个共性是不变的，就是由人来审核，无非最早由国家部门，再由券商，然后由保荐机构等审核，但是人永远是不完美的，总是会有各种纰漏，所以如果能够把最终的判断权交给市场而不是某部分人，或许就可以解决这些问题。而注册制就是基于这个目的产生的，它把重心从指派人去监督转移到了由企业自发向市场披露。这个模式在美国已经存在很久，在这个模式下，你的公司可以造假，但是一旦被发现，整个公司就通过法律被解散了。如此严苛的制度保证了企业只能展示真实的自我，而所有投资者会根据企业的情况作出合适的判断。当然在整个流程中，民主、法制是最基本的要素。

注册制在中国是势在必行的，最根本的原因是中国的传统经济急速下滑，这导致高新科技处于前所未有的重要地位；而要想发展高新科技，就要解决融资的问题，而这个责任也只能由股市去肩付。同时，**我以为，中国的注册制，必然和美国的注册制不同，必定是有中国特色的。我以为这个中国特色是必行和维稳之间的一种平衡，而这个平衡必然由政府来影响。**所以这里面我预期未来是会有很多震荡的，而每次震荡中都会有很多的机会，这是我目前的判断。

对以上论述做个总结：

1. 我们可以看到，股市的共性是通过对上市企业的优胜劣汰来发展一个国家的经济，这个过程的终点是可见的，但过程曲折，而且时间不可预知。

2. 每个国家的国情不同导致了股市的风格不同，没有类比性。

3. 中国近期必然推出中国特色的注册制，而高新企业很可能因此受益。

5 复杂

　　实际上在以往大多数的研究中，当研究了股市中的对象后，研究基本就结束了。这个方法从科学上来说是分解法，把一个复杂的东西分解为一个个可以理解研究的部分，这个思路的起源可能来自于解剖学。但是近代科学家对这个方法提出质疑，他们提出，即使你了解这个复杂事物的每一个部分，但是你没法把它们组装起来，重新构成一个复杂事物，就好比你没法把人体的各个部件拼装起来，然后赋予他一个生命。这实际上在很多科幻小说中都能看到，比如《弗兰肯斯坦》中介绍的就是一个疯狂的科学家用不同的人体部件创造了一个怪物，以及随后引发的一系列故事。但是以往的想象都是停留在小说里，科学发展到目前这个阶段，当你用分解法把原子分离到粒子，已经分无可分的时候，部分科学家便重新开始思考这个问题，即怎么把它拼接回去？这个思考就引出了另一门科学——复杂科学，而这个科学对于股市的借鉴意义，就是除了研究股市中的各个对象，**股市本身也是需要认真研究的一个对象**。

　　对股市理解的第一步就是要理解为什么无法预测股市。在展开这个话题之前，一个前置的问题是，为什么我们理所当然地认为可以预测股市？

　　我们之所以认为股市是可以预测的，是因为追溯任何一种关于股票的理论都是以股市可以预测为目标架构的。这是很自然的，因为研究股市的任何人的根本目的是从股市中盈利，如果股市不能预测，我们如何从中盈利呢？所以无论做什么研究，我们的初始假设必然是股市是可以预测的。这个假设更深一层次的来源更加遥远，可追溯到牛顿的时代。在那个时代，当牛顿发表三大定律时，当人们可以用这简单的三个定律解释几乎所有星体运行时，甚至因这些定律发现并探索新的星球时，在所有人的心里便萌生出这样一个想法：人可以认识万物的规律，而在我们认识万物规律之后，我们就可以预测一切。从今天来看，这个想法其实类似于"地心说"，其本质是盲人摸象和七宗罪的混合物。

妄想终究是妄想，终会有被戳破的一天。测不准原理的提出和混沌理论的发现使我们意识到在某些情况下，即使再好的理论，也无法预测到结果。而这个某些情况充斥我们周围，其普遍性远远超过了天体运动。

让我们先从**混沌理论**开始，介于这并不是科普文，所以我会尽量用简单语言来阐述，而代价就是牺牲一定程度的精准度。在混沌理论之前，我们是这么测量事物的，比如说我们估算一个年级有多少学生，那么我们通常做的一件事是，先估算一个年级有多少个班级，然后每个班级有多少学生，比如目测了一下可能有10个班级，一个班级50人，总共500人，通过很简单的算术，预测结果不会相差太大。上面这个例子的核心，就是我们先估算一个最初的值，再根据某种规律推算出最终的结果。要知道，我们生活中的一切都是以估算开始的，到现在为止，哪怕是最基本长度的测量，也只是近似的估计，我们以前用尺来定义米，现在用激光等来定义，以后会有更精准稳定的方式，但是永远没有尽头。而混沌理论则是说，在一些规律中，哪怕初始的估算值仅仅出现细微的变化，也会导致最终结果截然不同，一个更形象的比喻就是蝴蝶效应。

图1-2-10更精确地描述了混沌理论的逻辑。

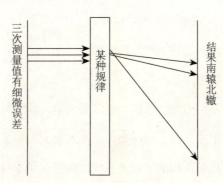

图1-2-10 差之毫厘，失之千里

这张图里面还有两点需要明确：

1. 微小变化导致的结果天差地别而且无规律可循，比如测量小了，结果虽然有偏差，也会比真实结果小等都不成立。

2. 这个某种规律是什么？简单来讲，就是所有复杂系统都符合的规律，而股票系统就是一种复杂系统。

到现在为止，总结一下，我们讨论了股市之所以不可预测，是因为股市是一种复杂系统，而混沌理论适用于所有复杂系统。混沌理论告诉我们，无可避免的测量偏差必然导致我们无法把握最终结果。接下来我们将看一下什么是复杂系统。

在讨论复杂系统之前，我们看看身边有哪些**复杂系统**：蚁群、暴风、地震、大脑、社会、经济等，这些风马牛不相及的事物却有同样的一些特点，即整体的复杂结构是由非常简单的个体组成的。

蚁群是每个人或多或少了解的一个例子，一个典型的蚁群主要包括蚁后（负责繁衍）、雄蚁（配合繁殖）、工蚁（负责劳作）、兵蚁（负责战争），四种角色各司其职，如此简单的结构相互组合，却可以应对自然界各种复杂的状况，创造一个又一个人类眼中的奇迹。

科学家做了一个实验，将少数兵蚁放在一个平面上，发现它们只会不断绕圈直到体力耗尽，但是将上百万兵蚁放在一起，这些兵蚁就会自动组成一个整体，形成集体智能。

另一个例子是我们的经济系统，经济是大量交易的总和，每个交易很简单，由买方和卖方组成。对于同一类商品，大量买方和卖方构成了该类商品的市场，不同的市场组合构成了经济系统。股票市场本身仅仅是不同交易者的买入和卖出，但是当成百上千万的交易行为产生时，量变产生质变，股票市场产生了源自交易但是高于交易的特性。股票市场的这一特性，将帮助我们从传统的多空搏杀的观点中解放出来，从更高的角度观察问题。

在进一步具体谈论股市的这种特性之前，我们先对复杂系统给出相对严格的定义：

复杂系统是指具有涌现和自组织行为的系统。所谓**涌现**是指由简单规则产生的难以预测的复杂行为。**自组织**指系统的组成不存在某个控制者或者计划方案。我们对照股票市场自行理解，需要指出的是，尽管中国股市的兴衰往往和政策调控密不可分，但是从历史上来看，股市和政策制定者的关系并不是隶属而是相互制约的，从这个角度来讲，**我们更有理由把股市作为一个另类的智能生命来研究，而不仅仅是多空双方的博弈战场。**

最近笔者正在看有关弦理论的书籍，里面的观念是宇宙密布了标准的弦，而每个弦被拨动产生不同的声音，这些声音就是量子，量子组成原子，原子组成分子，分子组成万物。所以整个人类社会如同是一场交响乐。我以为这个理论和复杂理论其实有相互印证的美妙之处。比如，人的大脑是由无数的脑细胞组成的，但是会思考的大脑（姑且这么说吧），就和脑细胞是两个维度的东西了。量变产生质变，事物由基本的单元组成，但是一旦形成事物，就不会从原路退回到基本单元了。更加大胆的想法是，或许在宇宙中存在更高维度的生命，而这种生命就是由万事万物组成的，人类却发现不了，正如我们身体的细胞发现不了人本身！

当我们把股市作为一种另类的生命而不是一个交易场所来看待的话，很多之前的问题就不言自明了。

比如为什么理论和指标正确但是实战萎靡，我之前用一种比喻解释过，零和博弈下的股市中有很多假跑，而这些假动作导致一次次错误的判断，最终收益仅余微利。这个微利是那些使用错误理论的投资者的损失。现在我们来尝试解释为什么股市中会有这些假跑，**如果我们把股市看成一种另类的生命，那么每个生命的最终目的是促使自己不断发展、进化（我们可以从股市的演变中印证这个观点），而要达成这个目的，至少需要两个机制，防御和进攻。**

防御是指抵抗威胁，修复损伤的功能。比如人体的白细胞可以攻击病毒，当我们划伤手指的时候，伤口会逐渐愈合。股市也是这样，其中的价值投资就如同阳光雨露，而过度的技术套利的行为则是竭泽而渔。适度的交易是股市的基本功能，但是一旦情况转化为把股市当成提款机，那么就从根本上扼杀了股市的存在理由。这种行为如同病毒入侵，而**股市对于这种病毒自然衍生了假跑的机制来进行抵抗**。这很神奇，不是吗？简单交易的千百万次的叠加辅以每个交易者各自的判断，最终演化出防御的模式。

进攻指股市的自我发展，包括股市机制的进化，包括股市中每个股票的优胜劣汰。股市机制的进化，包括熔断机制和注册制的尝试。可能各位要质疑，这不都是国家决定的吗？和股市有什么关系呢？我的理解是，首先，这

73

些机制并非我国独创，而是从国外引进的，国外这些机制的发展与其说是政府、机构制定的，不如说是股市自身发展的需要。其次，再来看看股市中的优胜劣汰，我想老股民对此会更有感觉，每年总有若干新股上市补充新血，也有部分ST股份黯然离场，可以预期这个代谢过程会在注册制以后更加剧烈，但是最终的目的是使得股市更加健壮强大。我听说美国证券交易所有计划如同汇率市场一样24小时运营，我以为这是必然的，是符合股市进化的，因为24小时的运营必将使得美国证券交易所在全球市场上获得更加重要的地位。

另一个值得一谈的问题是，为什么个股和大盘有联动关系？如果我们把股市看成一个生命，这个问题也很简单。比如说人是由头、四肢、身体构成；而四肢，比如说上肢，又是由手、小臂、大臂组成。如果以股市类推的话，那么板块类似上肢，板块内的个股类似小臂等，而板块和板块之间的连接就构成大盘。而当我们前进的时候，我们是左右手交替，左右脚相继的，如同股市中每个板块相互轮动。当处于牛市的时候，类似我们精神焕发，四肢都灵活有力。当处于熊市时，如同我们重病不起，全身无力。以上股市的特征和人体惊人地相似，难以用巧合来简单解释。

6 论势

当我们把股市当作一个智能生命来看待时，我们就可以从传统的多空博弈的观点跳出，从更高维度来观察股市。也就意味着**我们不再局限于散户、庄家、公司，而是更关心股市、国家、世界**。而当我们去研究这些对象的时候，我们已经不再停留在交易，而是研究运势。如果我们从上往下看，首先是当今世界经济如何，其次是中国的经济如何，再次是股市如何。这些问题是相互影响的，研究这些问题不能帮助我们了解明天股市是涨是跌，该买入或卖出哪只股票；但是如果把时间放长，研究这些问题则可以帮助我们判断，是否该入场或者出场，以及购买哪个方向的股票。

我想先简单谈一下近几年的世界格局，然后谈一下在世界格局下中国的发展战略，最后我们再看中国的股市如何帮助中国实现其发展战略。

世界的势

如果要讲世界的势，有个国家是无论如何绕不过去的，就是美国。图1-2-11展示了2016年美国、中国和日本的国内生产总值（GDP）分别占世界GDP总和的比例。我们看到一个非常经典的数字，就是**第一名美国的经济规模大致是第二名中国的两倍，而中国的经济规模大致是第三名日本的两倍**。

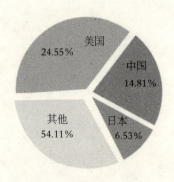

图1-2-11　2016年美国、中国、日本的GDP占比

资料来源：世界银行。

　　为什么拿这个数字说明问题，因为一旦这个数字形成，就代表整个格局已定，而在天下格局已经确定的情况下，短时间内情况是不会有变化的，这个短时间是指至少维持上百年不变。当然，在其他部分，每天都有新的变化，如战争、疾病、经济危机等等，可能各个国家的名次会不断变动，但是我们说大势，也就是主要的大国所处的局势基本会持续下去。

　　举例来说，在1960年，美国是世界第一大经济体，过了50年，美国仍然是世界第一大经济体。但在这段时间，中国崛起超过了日本，而德、英、法基本保持以往的地位。个人以为，中国与其说是异军突起，不如说是拿回了应有的地位，因为我们知道一个国家的强大和这个国家的疆土、人口以及这个国家的科技实力相关。美国是典型的疆土辽阔、科技强大的国家；日本是典型的国土狭小、科技发达的国家；而中国幅员辽阔、地大物博，加上这几年的改革开放，后发优势明显，取得这样的成绩也理所应当。类似有这样条件而被低估的国家还包括印度、俄罗斯，所以未来可能还有新的变化，但是美国的地位我认为短时间是不会被动摇的。**其至按照递增率来说（因为今天的世界不再以农业、制造业为主，而是偏向于科技），那么未来必然是强者**

恒强，弱者恒弱，而且这一差距会进一步被拉开。

美国的强大不仅是自身的强大，更加体现在对世界的影响上，而美元作为世界货币在此起到关键的作用。

2016年6月30日，国际货币基金组织（IMF）发布全球外汇储备季度数据，该数据显示，2016年一季度，美元在全球官方外汇储备中占比63.6%，欧元占20.4%，英镑占4.8%。

因为美国强大，美元稳定，所以美元被视为各国主要的外汇储备，进而使得美国的影响力遍布全球。

当我们明确以上观点之后，我们只需判断一下未来几年美国的经济状况，就可以大致了解全球的经济情况。图1-2-12展示了美国历年的GDP及其增长率。

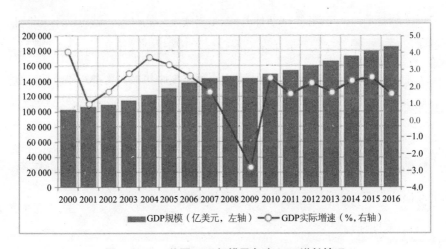

图1-2-12　美国GDP规模及年度GDP增长情况

资料来源：美国经济分析局。

从图1-2-12中我们可以明显看到自2010年以来，美国的经济率先复苏了。如果我们取10年为一轮回，那么从2010到2020年，也就是**未来几年，美**

国经济极大可能继续回暖，而我相信美国经济的复苏最终会带动世界经济的恢复。

中国的势

聊完美国，再看看中国。中国当前的经济走L形，舆论基本达成了一致，分歧的地方主要集中在，当前我们位于L的什么部位？

实际上我不太担心这个问题，一方面是我对现任的政府有信心，这次国家的主要负责人分工明确，而且都是各自领域的专家，不存在外行指导内行的问题。另一方面，我们相比于美国，从前和现在一直处于落后的位置，而对于落后者始终有一个红利，就是后发优势。也就是说当我落后于你时，我可以不急着走，甚至蹉跎一些时间；但是当我发力的时候，就可以用三年时间走完别人十年，甚至是几十年的道路。因此如果我们把时间看得长远点，比如十年，按照目前的情况，中国完全有可能摆脱包袱，更进一步。但究竟是在哪一年会从L形转变到U形，我想没人真正知道，只有当它发生了，你去回溯，才会发现U形已经产生。

站在今天的角度，我们唯一能够了解的就是，目前政府对当前国家经济开出的药方。这个药方主要由两部分组成：

1. 去库存；

2. 鼓励创新。

对于去库存的部分实际上又包括两点：一部分是转型重组；另一部分是开源，也就是"一带一路"。这两点都很困难，尤其是转型重组在某种意义上是一种困兽犹斗的过程，最终必然是大多数企业被淘汰，极少数企业侥幸活下来，也需要相当一段时间休养生息。对于"一带一路"，可以拭目以待，这应该是大势，是对相关国家都有利的事。但是，"一带一路"涉及太多的国家，由于历史问题，部分国家之间存在宗教、文化及政治摩擦，而国与国之间首先更多时候讲的是政治，其次才是做一件事是否对大家都有利。所以个人以为，"一带一路"势必会成功，但是成功的时间有很大的不确定性。

我觉得相对于去库存，鼓励创新则更好把握。实际上中国近十年一直在鼓励科技创新。中国成为世界第二大经济体，并不仅仅是因为人口、疆土，科技也是一大推进要素。

表1-2-3是2014年与2015年的论文自然指数情况。

表1-2-3　　　　　　　2014—2015年各国论文自然指数

	国家	自然指数	
		2014	2015
1	美国	18 007.19	17 203.82
2	中国	6 183.36	6 478.34
3	德国	4 055.40	4 078.09
4	英国	3 284.30	3 366.63
5	日本	3 221.57	3 053.48
6	法国	2 237.62	2 127.91
7	加拿大	1 501.96	1 478.29
8	瑞士	1 299.95	1 135.40
9	韩国	1 182.23	1 112.49
10	意大利	1 054.20	1 061.43

资料来源：https://www.natureindex.com/.

从表中可以看出，虽然中国与美国的距离仍然非常大，但是目前中国已经成为科技创新的第一集团军了。

中国经济的衰退并没有影响到中国的创新，我觉得在这轮资产重组的浪潮中，创新型企业反而会因此受益。因为当资本从传统企业抽离之后，必须找到新的投资渠道，而创新型企业如果能够采取良好的商业模式，则必然受到资本的热捧，最终由点及面，带动整个创新行业的迅速发展。

我们可以看到，美国目前的独角兽公司基本都是创新公司，或多或少都会涉及高新技术；而中国如果转型成功，最终必然也会形成这样的局面。

股市的势

在股市当中，通常我们会听到或看到类似的文字——要顺势而为而不是逆天而行。但是这个势是什么？我没有看到有表述清楚的。一种简单直白的理解是牛市做多，熊市做空。但是何为牛市？何为熊市？往往当我们谈论牛市的时候，牛市已渐趋顶部；而在我们谈论熊市的时候，往往已经到了熊市的底部，损失惨重。这样的结果并不是我们不够谨慎或者缺少知识，要知道即便是最好的经济学家，武装齐全的机构也没有办法回答什么时候算是经济复苏，什么时候算是经济崩溃或者调整！

世界的事如果非黑即白，那么任何人都能够把控，然而事实是通常我们都处于黑白之间，股市也是如此，所以谈论牛市和熊市就如同去预知股市一样，最终会成为梦幻泡影。

此处我试图从另一个角度去定义大势。我以为股市对于股民如同天，而顺天而行也就是说，股民采取的行动是否有益于股市的发展，而股市又是服务于国家的经济的，以此推论，**是否顺天就是你的投资有益于国家经济的发展？**如果因为你的投资，优秀企业可以壮大，劣质企业可以淘汰，那么这就是对国家经济有利的，那么你就是顺天而行。

对于老股民来讲，上面的这些话可能很天真、很可爱。因为一方面，在他们的经验中，太多太多优秀股票的股价水波不兴；另一方面，通过一些噱头，一些业绩糟糕的股票的价格可以扶摇直上。我在之前中国股市的部分，已经解释了这一现象的原因，我的理解是，**所有事情总是发端野蛮，逐渐规范**。中国股市也是如此，**如果我们希望能在未来10年赚钱，那么就不能总是把视线停留在过去的历史上**。历史会一再重演，但是历史永远不是简单的重复。

我们谈到了股市会成长进化，随着股市发展，股市的结构机制会更加复杂，比如引入熔断机制，引入注册制，比如产生股票期权等。这些不断演化的复杂结构如同大树繁茂的枝叶，帮助大树更充分地吸收光和热。这些机制以后有机会再进一步讨论，当前让我们先关注大树的主干。对于股票来说，我认为**最基本的要素就是投资者和公司**。

股市的两端一端是公司，一端是投资者。股市壮大的基础是有更多的优质企业上市，同时有更多的投资者投身股市。为了达成这个目标，股市一方面需要不断放低公司入市的门槛，从而**吸引更多的公司入市**；另一方面是要不断优胜劣汰，把更多优质公司推向大众，而和低效的公司划清界限。优质的公司通过吸纳投资人的资金，转化为公司前进的动力，而公司发展的红利最终回馈给投资者，形成良性循环。通过这种良性循环，**越来越多的投资者被吸引到股市**。

我们观察一下美国股市，美国股市有近万家上市公司，其素质良莠不齐，但是承担大梁的必然是全世界最优秀的公司，图1-2-4是美股市值排名前20的公司。

表1-2-4 美股市值排名前20的公司

股票	当前价（元）	本日涨跌幅（%）	总市值（亿元）
苹果	172.67	1.95	8 918.799 2
谷歌A	1 051.97	0.25	7 308.982 4
谷歌C	1 041.10	0.39	7 233.458 7
微软	85.23	1.27	6 575.863 5
亚马逊	1 168.92	0.60	5 632.700 5
脸书	179.04	0.02	5 199.673 6
阿里巴巴	179.29	0.94	4 591.893 0
摩根大通	105.62	−0.29	3 862.206 5
强生	141.14	0.39	3 788.197 2
埃克森美孚	83.03	0.45	3 456.487 8
美国银行	28.94	−0.38	3 030.093 3
富国银行	58.87	−0.74	2 988.184 0
沃尔玛	96.93	0.39	2 895.494 5
伯克希尔-哈撒韦B	196.70	0.13	2 626.191 2
万事达	112.37	−0.20	2 607.793 2
宝洁	90.23	−0.15	2 306.709 4
雪佛龙	120.42	0.42	2 267.696 8
美国电话电报	36.90	0.46	2 266.029 0

资料来源：雪球网，2017年11月30日。

另一组数据告诉我们，每年在美国大致有6%的上市公司因为种种原因黯然离场，如表1-2-5所示。

表1-2-5 2003—2007年海外主要市场年均退市率概览

主板市场		创业板市场	
英国伦敦证券交易所	11.4%	英国AIM	11.6%
美国纽约证券交易所	6.2%	美国NASDAQ	8.0%
日本大阪证券交易所	3.3%	日本JASDAW	5.8%
韩国证券交易所	2.3%	韩国KOSDAQ	2.3%
台湾证券交易所	2.2%	台湾柜台中心	2.0%
香港主板	1.1%	香港创业板	2.1%

资料来源：深圳证券交易所。

通过以上数据，我们大致可以看到，我们每天的匆匆交易对于股市的实际意义是什么。股市通过企业各自披露信息，由所有的投资者给每个企业评分，而投资者的投票方式就是买入或者卖出这只股票，而公司股票的市值就是市场对公司的评判。在最极端的情况下，市场可以把低效的公司请出场。

股市通过组织投票，最终达到了对上市企业的优胜劣汰；而通过影响上市企业，最终影响了国运。

我们前面谈了国家的形势和战略，那么站在国家的立场上，当然希望股市能够产生一个符合战略的正面影响，而这个影响越大越好。为了达到这一目的，政府通常会在股市的各个阶段通过宏观调控来引导股市按照预期的方向前进。而这就形成了**股市和国家之间的相互作用关系**。

谈到这里，我们就可以看到为什么巴菲特能够成功，因为他所秉持的价值投资理论正是直接支持股市的筛选功能的。一个潜力公司被低估，意味着该公司无法从股市获取足够的资金支撑其发展。而通常这并不是因为股市不愿意提供支持，因为按照我们之前的分析，投资此类公司将有益于股市的发展，唯一的原因是因为股市病了。没错，如果我们把股市看作一个生命，那么它必然有生老病死，我将股市极度疯狂和极度冷清都看作是股市生病的状态，在这种状态下股市失去自控。而巴菲特所做的事情，就是在股市疯狂的时候卖出，帮助股市冷静；当股市萎靡的时候，则买入股票，注入活力。巴菲特之所以成功，是因为他永远在帮助股市，而不是在和股市作对。

股市除了需要对企业宽进严出，还需要足够的流动性。流动性对于投资者而言，意味着可以随时进入和退出。所以除了公司和价值投资者，股市仍需要投机者或者说趋势交易者的介入，从这个角度讲，**趋势交易者本身的价值就是促进股市的流动性**，因而趋势交易本身可以从股市的发展中获取红利，分得一杯羹。

到现在为止，我们谈论了股市的成长倾向，而为了满足这个目标，价值投资和趋势投资应运而生。（这里需要补充一点，价值投资理论是诞生于趋势理论之后，但是在趋势理论出现之前，最早的股票投资者往往是为了公司的分红而投资，长期持有投资公司的股票，可以视作原始自发的价值投资。）到目前为止，我们谈论的价值投资或是趋势投资都是谈论其正面的功效，然而任一事物都有正反两面，让我们看看错误地使用价值投资和趋势投资会出现什么效果。

价值投资的本质是资助有潜力的穷困儿童，而价值投资的滥用就是把有限的资金投入错误的领域，比如资助某僵尸企业。如前面所述，个体永远缺乏有效的方法来遴选优质的企业，所以难免犯错，而一旦犯错最终就会受到市场的制裁。价值投资的成长史也就是不断细化遴选方案的过程。我个人更倾向于把遴选的事情交给专业的机构去做，对于这一块，个人投资者先天不足，后天乏力。

一方面，趋势投资者通常根据趋势买入卖出，这也造成当股市疯狂时，趋势投资者仍然不断火上浇油，直到股市崩盘。另一方面，当股市极度冷清的时候，也是趋势投资者尽量避免交易之时，因为在这种情况下，交易冷淡，无利可图。

我个人觉得，对于散户来讲，或许有第三条路，也就是趋势型的价值投资。也就是当股市生病的时候，我们选取被过度打击后逐渐缓过劲头的知名公司投资；而当股市过热的时候，我们克制贪婪，不再给股市添乱。对于前者，因为选取的是当前知名的公司，我们规避了对公司未来成长性的研究以及投资的风险，所以仅需要简单地分析该公司是否运营稳定，以及该公司的股票是否有起色。对于此，我们需要掌握一些财务知识，建立一个打分系统。而在股市过热的情况下，我们可以比价值投资者更加激进一些，但是仍需要一些方式帮助我们冷静放手。

7 生灭

作为这一部分的收尾，我们从宏观上聊一下股市的兴衰。前面已经说过了，每个国家的股市都有各自的特点，中国股市的特点也很明显。

我们首先看一下最近十几年中国的股市变化，如图1-2-13所示。

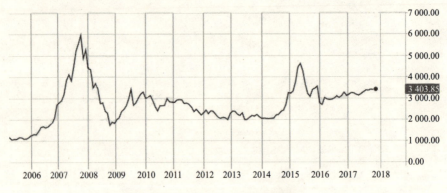

图1-2-13 近十年上证指数

资料来源：雅虎财经。

如果光从图形上看，是很难解释为什么股市会如此剧烈波动，也没法解释为什么我们屡次在2 000点左右徘徊。但是如果抛开价格因素，我们可以看到，有些东西是非常稳定的，趋势也是非常明显的，如图1-2-14所示。

尤其是2002年以后，上市公司数量整体增速大致维持在7%左右，而这个数字一定是人为控制的。

图1-2-14 近年上市公司数量和增速

资料来源：http://www.capco.org.cn.

所以我们不妨做个假设，也就是**在年前或许就排定了要上市的公司名单和数量，而之后的一整年只是让这些公司可以有机会融到所需资金。**而如果按照这个观点看很多政策发生的时间、力度，其实就可以理解了。

我们可以看到以下几个特征：

1. 股市扩容的过程包括牛市和熊市两部分。或许牛市和熊市对于股民来说如同冰火两重天，是截然不同的，但是我们发现，**对于股市扩容来说，牛市和熊市并无区别**，甚至在熊市初期，中期扩容效率要稍高于牛市。

2. 以往**股市起点和终点都和IPO的启停相关**。当股市人气殆尽的时候，市场圈禁休养，IPO终止。直到人气复苏，IPO重新打开，股市又进入扩容的流程。但是凡事都有例外，2015年9月，当IPO暂停后，依例冲入的投资者损失惨重，其中不乏老牌机构。类似混沌投资公然发致歉信的事件，再次说明了股市的不可预测。以下为公告全文。

尊敬的投资者：

近期，全球金融市场恐慌情绪极度蔓延，人民币突然宣布贬值，国内A股再次出现崩盘式下跌，进而引发全球股市及商品市场剧烈波动，期间，我司管理的混沌价值一号、价值二号产品也出现了净值的大幅回撤。系统性风险固然是背景，但我们管理的产品回撤幅度如此之大，一定是这个阶段我们的投资判断策略出现了问题。我们察觉到了风险，但过早地为风险定了性，过快地确认救市的效果，致使产品净值遭受重创，为此给投资者造成的压力和不安，我们表示深深的歉意。

"控制风险的最好办法是深入思考和研究，真正的风险来自于你不知道自己在做什么"。A股市场的剧烈波动可以说是我们这个市场的"特点"，过度乐观、过度悲观转换迅速，我们身在其中十几年，对这个"特点"很熟悉，在市场低迷的2011年和2012年，我们的产品在某个阶段也出现了较大的回撤，但放长周期，我们之前管理的产品不仅在熊市当中换回了亏损，而且都实现了可观的盈利。持有长期投资机会，不做波段，不做短线交易，不追后知后觉的市场热点，是我们股票和期货共同的交易特点，这也是我们积累起可观财富的所谓"技能"。水能载舟，亦能覆舟，这样的交易价值观，过往也经历了许多惊心动魄的回撤：2011年，证券股票产品一度回撤超过25%；2013年，混沌道然天津合作制产品的期货部分一度回撤50%，但在随后的一年中，这些产品都实现了盈利。我们认为，市场走向的不确定将长期伴随，保持清醒的头脑和独立判断的能力，发挥出市场生存者应有的纠偏能力，是真正地为投资者负责。

投资是场人性的战斗，市场下跌后过度的恐慌与暴涨时的过度乐观一样是巨大的风险，我们不会在遭遇市场暴跌后变得胆怯，现在我们又有机会以很低的价格买入那些符合我们价值理念、很优秀的公司。

感谢投资者的支持和理解！

上海混沌道然资产管理有限公司

2015年8月31日

3. 自2005年到现在，三轮**股市扩容的速度越来越快**，从最早的两年300家，到三年900家，到2015年上半年190家，如果将注册制持续的两年也作为这次扩容周期，即使最保守的估计，届时股市将增加1 000～2 000家新企业。如此类推，当前股市的价格完全不能支撑如此的扩容，一个猜测是至少要超过3 400点，甚至4 500点才能支撑这一轮巨大的扩容。

4. 自2005年至今，平均单家上市公司的规模逐渐减小，意味着**股市从支持国有大企业逐渐转向民营小企业。**

5. 股市以往的高点各异，有6 000点、3 400点、4 500点，没有规律可循。这正说明**我们无法预测最高点。**

6. 股市低点依次上升，从1 200点到1 800点，再到2 000点，逐步递增。我以为这和中国的通胀有关系，毕竟十年前的价格和今天的市价是截然不同的。如果市价打破历史的价格，那么相信风险资本很乐意举牌一些优质公司。**这一个现象可以帮助我们在中国经济没有发生质变的情况下，预测到股市的低点。**

当我们了解以上信息后，实际上我们就了解到了中国股市的特性，而这个特性过去可以折磨我们，未来也可以帮助我们，关键是看我们如何用它。

讨论完中国股市的生灭，我们来谈一下对于雪崩的理解。当我们理解雪崩的时候，并不代表我们能预测雪崩，或者规避雪崩。它只是如同面对地震一般，当遭遇最坏情况的时候，我们至少能有所作为，而不是惊慌失措，茫然无助。

雪崩这种现象是由三个过程决定的：初级积累过程、临界过程和雪崩过程。我们使用沙堆来研究这个过程。

最初，我们不断洒下细砂，这就如同股市不断聚集人气的过程，沙堆从无到有，逐渐形成。但是当沙堆达到一定规模时，开始不断有沙崩发生，这些沙崩起初可能仅仅是小规模的，只影响到局部。这些沙崩对于沙堆的扩大，有时未必是坏事，因为当某次沙崩停止后，原有的不稳定因素被消解，沙堆可以在新的基础上继续扩大，如此重复，直到下一次崩溃。然而取决于材质和环境，沙堆并不可能无限累积，如果我们去过沙漠，我们会对此有更直观的理解。沙漠中的沙山此起彼伏，一些沙山可以非常宏伟巨大；然而千百年来，即使曾经最为巨大的沙山也不可能穿越到天际，或者达到珠穆朗玛峰的高度。其中的原因一部分取决于环境，一部分取决于内在的材质等。实际上沙堆最终会有一个临界值，当沙堆接近这个临界值的时候，沙崩的频率会直线上升，当沙堆到达临界值的时候，任何一粒沙子的增加，都会导致规模不一的沙崩。我们无法预测这些沙崩何时发生，或者它们发生时的破坏程度，但是只要沙堆不断累积，沙崩就必然会发生。

这里要强调的是，在极端情况下，可能第一次的局部沙崩，就会导致整体沙崩，但是在通常情况下，在最终的沙崩发生之前会有若干次的局部崩盘。

此外，当沙堆越接近临界值，发生沙崩的频率就越高，而沙崩的规模虽然无法预计，但是大致满足幂律分布，即小规模的沙盘发生得更加频繁。

　　我们来观察一下2008年牛市的形成到终结，如图1-2-15所示，我们可以看到，在整个牛市过程中，至少发生了六次明显的雪崩。这几次雪崩规模从小到大，从打破15日均线，到打破55日均线，到打破120日均线，乃至最后打破180日均线后一路下滑。我们可以看到以前的小规模的雪崩为之后的长牛奠定了基础，但是当股价到达当时的临界点时，即6 000点左右（但是当时没有人知道，以后也不可能预知），整体崩盘最终发生了。

2006/12/04 开：1 731.90 高：1 780.80 低：1 731.90 收：1 780.74 量：7 143万 幅：2.98%

图1-2-15 2007—2008年上证指数

资料来源：新浪财经。

　　我举这个例子的原因是为了印证之前对于雪崩的理解，这个例子恰好比较完美。但是，这个太过完美的例子也可能造成我们的误解，即雪崩总是从小到大，总是会有这么多次的反复，总是会先打破15日均线，再打破55日均线等想法。我需要再次强调，以上所谓的推论都不成立，在最坏的情况下，可能雪崩在第一次时就能彻底摧毁整个股市，如图1-2-16所示。我们来看一下2015年的情况，仅仅在几次小规模的雪崩后，股市就整体崩盘。

如果简单套用之前的推论，而牢牢持有股票，那么最终的结果必然不会理想了。

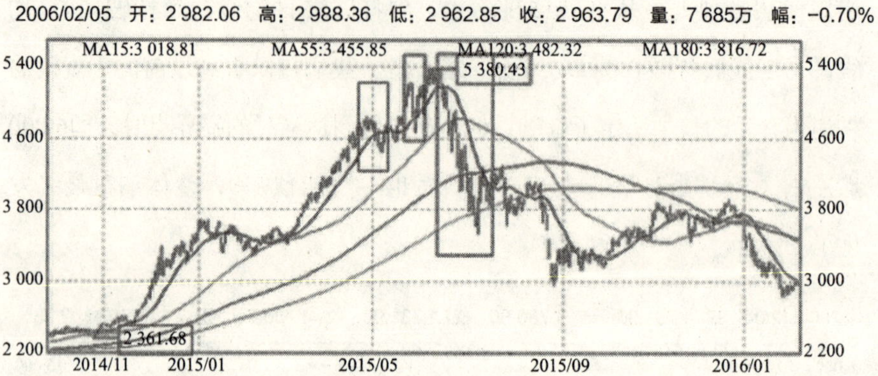

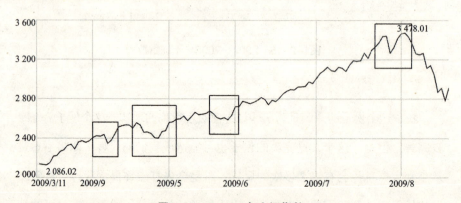

2006/02/05 开：2 982.06 高：2 988.36 低：2 962.85 收：2 963.79 量：7 685万 幅：-0.70%

图1-2-16　2015年上证指数

资料来源：新浪财经。

我们最后再来看一下2009年7月的情况，如图1-2-17所示，几次小规模的雪崩后，最后一次崩溃仍然显得很突然，没有什么过渡。

图1-2-17　2009年上证指数

资料来源：新浪财经。

从以上研究来看，或许我们可以得到以下几个结论。

1. 在最终的大撤退之前，总有若干小的雪崩。在没有更好的方法前，我们把最小的雪崩定义为打破15日均线；并且我们认为至少在第三次之前，这种级别的下跌，我们不必过于担心。因为如果遇到首次雪崩就整体撤退的话，相信所有投资者都无法脱身，所以即便是最剧烈的下跌，可能修复也会很迅速。一个更好的例子是"9·11"事件发生后美股的走势，如图1-2-18所示。框中的时间大致在一个月左右，下跌趋势在10天左右，标普500指数下跌了近10%；之后的20天迅速恢复。

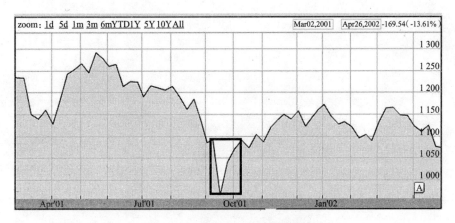

图1-2-18 "9·11"期间美股走势

资料来源：谷歌财经。

2. 另外为什么取三这个数字，实际上这个数字在缠论中被屡次提及。我们姑且认为这是一个有意思的数字吧。

3. 走势打破55日均线，并不意味着大盘由牛转熊。但是当牛市中120日均线被打破，走势就极大可能会翻转，所以我们在没有更好的方法之前，可以把120日均线作为最终的止损线。当然，这个止损线对于价值投资者并没有意义，因为可能在前三次雪崩的时候，他们已经陆续离场，不会等到大雪崩的时候。

4. 我们认为在最终雪崩到来之前的小雪崩会增加整个结构的稳定性，所以之后的雪崩如果仍旧是做调整，最低点应该高于之前的稳定点。一旦之前雪崩的稳定点被打破，那么我们便可以此止损，作为和120日均线的相互补充。

第三部分

温 故

科学

这一部分，我们要尝试从源头开始重新走过目前主要的股票研究成果。而在这之前，我们先来谈一下科学这个话题。

如果你现在脑子里的想法是，一本股票书为什么会扯到科学之类的问题的话——产生这样的问题正是我们要谈论这个话题的原因。而我希望当我们结束这个话题的讨论时，你可以自己回答这个疑问。

科学，似乎是一个很高大上、阳春白雪的词，离大部分人都非常远，这实际上是最大的误区。科学可以说是人类文明最宝贵的财富之一，不仅仅因为科学给我们带来现在的一切，而且因为即使最平凡的人，也可以轻易地拾起科学，使之成为人生中最重要的武器，关键是我们需要了解什么是科学。**我以为科学就是人类在漫漫历史中不断探索未知，逐步总结出的一套行之有效的经验准则。**

比如，我们判断一件事，从直觉上看，要么是对的，要么是错的，或者有人觉得有些事既对也错，这些都不是科学的观点。

人类经过历代的总结，得出了一些判断事物的科学的方法：

首先是**实验证伪**，当一件事不能被实验验证的话，这件事首先是不科学的，比如宗教。当一件事被大量实验支撑，到目前没有反例的时候，这件事可能是正确的。比如在牛顿时期，牛顿力学从科学角度而言就是正确的；但是在爱因斯坦时期，牛顿力学就被革新了。另一个例子，比如神学，如果神不可被证明确实存在，那么从科学的角度而言，这就是不正确的。

其次，科学的另一个判定是**正确的东西一定是简洁的**，比如质能方程 $E=mc^2$，其中E表示能量，m代表质量，而c则表示光速。该方程由阿尔伯特·爱因斯坦提出，主要用来解释核变反应中的质量亏损和计算高能物理中粒子的能量，这也导致了德布罗意波和波动力学的诞生。而反例中，比如说皇帝的新衣，相信皇帝是正确的需要很多复杂的假设，比如的确有一件衣服是聪明人看到无比华丽，而蠢笨的人是看不到的；只有皇帝是足够聪明，而其他人都是蠢笨的等等。如此一个假设引出更多的假设，太多太复杂，通常就不被科学认可。

除了以上直觉上的经验判断，**科学还更多地依赖实验，包括理论实验**——通过逻辑分析推理，或者是**物理实验**——通过仪器设备等，经过一系列观察、假设、解释、验证等步骤，逐渐揭开世界的神秘面纱。

总结一下，**科学的形成，实际上是人类探索未知的集大成，换而言之，当我们去研究未知的时候，如果借用科学的理念，那么实际上你就是站在了巨人的肩膀上，事半功倍；否则往往水中捞月，得出的结论和事实南辕北辙。**

说到这里，科学和股票的关系就显而易见了。股票作为一个充满了金钱、欲望的未知世界，从来都是投资客孜孜不倦的研究目标，而这些投资客无论是在过去还是现在，研究股票的模式往往无意或者有意地使用了科学的方式。**当我们用科学的方式去重新看待他们的研究成果时，往往可以绕开谬误，直达根源。**

比如，我们前面谈到科学研究的一整套流程，简单来说，即包括现象观察、理论解释、实验验证、完善理论这一不断循环的流程。在西方对股票的研究也是如此，但是当国人把西方的成果拿过来时，却常常只讲理论，不求实证，囫囵吞枣，这样的苦果，大家应该在工作初期都体验过了，就是不能学以致用，不是处处不对，就是处处不足。这主要是因为你学过的东西总归是过去的东西，没法与时俱进，很多你学的经典的理论往往是几十年前的成果了。在这日新月异的世界，几十年前的东西不加完善地直接使用，好比拿着刀斧直接上战场面对枪炮，十死无生。所以现在我们再来研究股票，一定要把实验验证补上，让实践检验理论，并且不断完善理论。

在西方科学中，另外一点越来越被重视和普及的就是借助于仪器。以前物理、化学的大发展史也是仪器的大发展史，从用钟摆粗糙地计量时间，到用某种脉冲装置精准地定义时间，当我们不断精确测量手段时，不断完善已有系统时，我们便在不断地理解这个世界。化学的爆发式发展是因为人们发明了整套化学测量仪器和方法；爱因斯坦颠覆了牛顿的定律是基于测量发现了光速不变的现象。同样的道理，如果我们希望能够更好地理解股市，我们也需要用我们的仪器去定量地分析股市中发生的一切。如果没有仪器的分析和验证就妄下结论，这是没有经过科学训练的人才干的事，终究会被证明是不切实际的空想。对于古人，我们可以理解，但是如果时至今日，我们再重复此类低级的失误，那就是原地踏步，拿自己的时间和精力开玩笑了。

以上几点说清楚了，我们接下来看看前辈是怎么做的。

对于第一条，从可以搜集到的资料中实际上很少有详细说明，但是每次都能看到那么一句，就是希望你自己记录每次的价格状态，而不是依赖于软件。这句话是什么意思？难道只是去记录？我们合理推测一下，之所以要亲自记录，而不是电脑直接显示，就是要你按照你的某种想法去记录，这和股票软件展示的是不同的角度，而这种记录的最终结果必然有助于你去分析，去启迪或者验证你所想。更加具体的例子，大家可以去看看《海龟交易法则》①这本书，该书指出，利用历史数据去验证你的想法，你的直觉往往根据你以往的经验得来，但是通常因为一些心理模式的原因，你总是默认你的直觉是正确的。但是事实往往不是如此，只有被证明正确的公式，才会真正对你有帮助，而且，如果你的直觉形成的公式在历史数据上都不能赚钱，你又如何能在现在赚未来的钱呢？

关于实证的话题还会贯穿下面很多章节，我们一起看一下哪些你曾经深信不疑的秘籍是毫无根据的，哪些股神传授的不败真经是荒诞不经的；同时，我们也要从中学习哪些东西会是你有用的储备，是会帮你到达旅途终点的。

第二点的例子更加明显，我想大家都多少听过技术指标，如MACD、KDJ等等，请问这是什么？可能你会告诉我很多结果，但是对于我来说它们都是一样的，就是对股票状态的量化。如果我们把某个股票一天中的每个报价都连接起来，那么你看到的是股票当日的整体走向，但是如果把若干天的走向连接起来，太多的数据反而令你难以判断，所以我们把当天的数据合并起来，用K线表示，那么一周的数据就相对清晰了。但是当多个一周的数据放在一起时，又很混乱，所以我们再次合并，形成周k线，乃至月K线等，由此我们得到了股票的一个走势。我举这个例子，就是为了说明K线类似于一种仪器，帮助我们从某个角度更好地观察股票的形态。类似的工具逐渐被发明出来，MACD、BOLL、KDJ等等，它们目前仍然是我们很多时候需要

---

① 柯蒂斯·费思. 海龟交易法则. 乔江涛，译. 北京：中信出版社，2010.

使用的观察工具。

但是这里有一个很关键的问题，就是股票系统不同于物理、化学，比如说某个元素的结果，它在1 000年或者更久以前是这样的，在1 000年或者更多年以后依旧是这样的，所以对于物理或者化学仪器来说，1 000年前可以使用，1 000年以后也是可以使用，只是没有这么精确了。但是股票市场不同，从学术上讲，它可以称作**复杂系统**，我们在前文已经重点介绍过了。这类系统往往会自我适应、自我发展，所以对**这类系统的研究会遇到一个非常大的问题，也就是除了最基本的原则、框架不会变化，其衍生出来的工具、结论都会变化。**

比如，以前地球的霸主是恐龙，但是后来大家都知道恐龙灭绝了，人类成为地球主宰，那么试问，假设你获得了远古时期的屠龙术，你觉得这在今天的社会有多少的实用性？同样的道理也作用在股市，也就是那些历史上的成功投资经验为什么只在市面上卖个十几块，而且通常无法帮助我们在股市盈利。

当然说到屠龙术，我相信这必然是那个时代的精华，如果我们能够深入其中并领悟其精髓，同时把这个精髓结合时代特征进行再创造，未必不可能真正重现屠龙术。但是这个屠龙术，相信不是可以轻易获得的。

2 经典

股票理论现在公认的鼻祖是道氏，虽然道氏本人没有写书，但是他留下的一些零碎文章开启了股票研究的方向（如同前文所说，本书限于篇幅会略过许多细节，有关道氏、艾略特波浪、混沌分型的基础知识，大家可以自行学习）。

道氏留下两份遗产，往往大家只谈其一，不谈其二，我以为这有买椟还珠之嫌。

道氏的第一份遗产只是简单的一句话，却常为初学者所忽略，"股市是经济的晴雨表"。这句话的重要性在于，第一次言明了股市可以赚钱的原因。股市可以赚钱，因为股市代表了一个国家的经济。如果一个国家经济不断发展，那么任何人都可以通过股市分享经济发展的红利。

道氏的阐述之所以重要，因为它可以给投身股市的人注入强大的信心——股市是可以给人带来财富的。这句话非常重要，而这句话的意义往往只有在股市中漂流很久的人才能真正明白它的可贵。股票初学者好比新手游泳，只是在浅海，脚下浅滩，阳光明媚。这个时候往往你充满自信，从来不曾怀疑自己可以轻易赚钱。然而当你向海中越游越深，终于看不到海岸，感受不到海水深浅，你失去方向，周围波浪忽大忽小，气候同样变化无常。这个时候你彻底迷失了，无数的悲观环绕着你，你看不到前方，看不到后方，天地伟力，人心渺小，你会想，我究竟在干什么？我做得对吗？你进而会怀疑"股票能赚钱"这个最根本的基石。当时乃至现在，都有无数人去问这个问题。道氏给这个问题提供了一个理论的支撑，他告诉所有人，如果人类会进步，社会会发展，经济会向前，股市就能赚钱。正是这句话凝聚了人心，没有人心，任何事都不会有长久的发展。

以上的结论，目前来看对于西方是正确的；在中国以往是不正确的，但是在未来，我认为会趋向正确。为什么？这要看股市究竟将要被作为何种工具使用。仅仅是圈钱的工具，还是培养一国经济的基石——企业？

我认为对于这个问题，不同时期的答案是不同的，在经济发展迅速而且缺乏外部竞争的时候，圈钱或许更加重要。但是当经济萧条的时候，股市又成为培养企业的温床。所以当股市处于牛市时，企业蜂拥而至，忙着捞钱；当股市处于熊市时，以往的政策往往是禁海养鱼。

以上谈论的都是历史，但是从长远看，我相信原有的一些限制都会陆续放开，包括涨跌停板，包括引入注册制，包括允许时时买卖等，同时会不断完善法制。**历史上没有一个发达国家是没有发达的资本市场的，如果中国需要发展壮大，就必然要让股市变得更好。**

言归正传，道氏的第二份遗产广为人知，即第一次对股票量化的尝试。大家可以想象一个坐标轴，横坐标代表时间；纵坐标代表价格。而股票的图形是一系列点，在没有计算机的时代，你很难对那么多的信息加以分析、归类。这个例子可以用天文来类比，当时古人仰望星空，同样是面对各样远近、大小的星体。古人用想象把各个星星归类，然后就可以清晰地得到有限个数的星象，并称之为二十八宿，西方称之为黄道十二宫。针对有限个数的变化进行研究，人类逐渐认识了时间、空间。道氏以及艾略特波浪学说试图对股票做同样的事，他们做得非常成功，最终在不断的努力中把股票从密集无意义的点中解放了出来。现在我们可以谈股票是在上升还是下降，是主浪还是次浪等，就是源自于他们的贡献。同时，当我们可以更加形象地理解股票后，我们便逐渐发明了许多工具以更加细致地观察股票的各个活动。股票的理论不断进化，乃至今天最先进的股票理论，比如量化投资等，无论现在看它们是多么复杂，其源头都可以指向道氏理论，这是毫无疑问的。

但是任何一个理论的发展永远不是一帆风顺，如同股市有起有落，有时一马平川，有时又长时间陷入死胡同。

道氏也好，艾略特也好，他们研究理论的初衷并非为了开创一门学科（假设有股票投资这门学科），而是为了赚钱。这个动机拥有惊人的生命力，无数的投机客花费大量的时间、精力把理论应用到实践中，于是波浪理论完善了道氏对股票形态的理解。而又有人把斐波那契数列植入了波浪理论中，以更加精确地预测趋势的起点、终点，更多的形态学产生，时优时劣，似是而非。他们可以胜在一时，但最终往往惨淡离场。因为当时人们并不知道，股票市场是自进化的，这些所谓的方法的本质是去寻找新生股市的市场漏洞，一旦一个方法被应用，并找到了系统的一个漏洞，股票市场会很快自我修复。这种找漏洞、修复漏洞的斗争，不断发生。初始往往投机客占优，但是随着市场不断完善自我，便越来越难以找到新的漏洞。然而投机客不自知，他们脑中只有曾经胜利的回忆，如同飞蛾扑火，不断投入所有的时间、精力去追求越来越微薄的回报，甚至入不敷出。

更令人悲观的是，股票是不可精确预测的。在牛顿乃至后续的很多时间里，人们认为世界万物都是可以精确预测的，只要知道宇宙中所有物体，它们各自的运动方向、质量等参数，我们就可以预测它们未来的发展。这个自大的想法如同地球是宇宙的中心一样，长时间驻扎在人们内心，影响了当时所有的学科，包括对股票的认知。直到近代，当测不准理论第一次打破了这个美梦，随后混沌理论彻底终止了这场妄想后，人们逐渐开始了解，我们仍有许多东西是无法预测的。然而认为股票是可以精确或者相对精确预知的想法，今天仍然因为各种原因，或是出于利益，或是出于知识缺失，依旧是主流。至少每天都有无数的股评家对股市的发展信誓旦旦宣称各种高见，每天无数的股市新手、老手会去苦苦猜测未来走势。

站在今天的时间点，纵然仍有无数波浪理论的信徒，我仍认为道氏、波浪理论天然适用于宏观，就如经济学家预测经济的发展。但在微观，则会有很多局限，也就是没法适用于个人对股票的精确交易。这样的例子在经济学中很常见，比如一个饱学的经济学教授，可以对国家的政策发表自己的见解，但是他很难对个人提出有效的建议。因为宏观的规律往往放到微观就会失效，你可以和政府说我们要降低利息增加流动性，但是你没有办法和一个穷困潦倒的人说把你所有的剩余积蓄都去消费以增加流动性，哪怕目前利息已经接近冰点，他可能更愿意把仅剩的几枚硬币珍藏一辈子，以防不测。物理上的例子也是如此，当牛顿定律涉及量子的时候，就显得苍白无力了。这样的情况，尤其是当人因贪婪试图精确预测未来价格的某个点，或者某个极小的范围时，当他们试图用一些神秘的数字，比如黄金分割来达到这个目的时，我似乎一度看到历史上的古人对数字的迷信与此如出一辙。

混沌理论告诉我们，一个轻微的初始条件的变化将会导致截然不同的局面；黑天鹅事件告诉我们，即使最保守的预测，也会因为一些偶然的因素而变得超出想象；而复杂系统告诉我们，股市的此类结构是自组织、自进化的。以往对股市的预测方法似乎越来越难以应用，实际上如果大家注意一下近期的国外投资高手对股票的心得，会发现已经很少有人会说，预计某只股票上涨而买入，而是说因为它符合我买入的策略条件，所以买入。至于买入后会不会上涨？真不知道啊。这些观念和传统股市靠预测的想法截然相反，似乎是违反直觉。但是直觉本身更多地代表错误，尤其在复杂精密的事件中。在后面的一系列章节中，我们会一一讨论以往多么"准确"的东西实际上只是一种错觉，而只有当我们先理顺这些直觉之后，才有可能去探索一个更靠谱的方向。

3 均线

移动平均线这个指标是谁发现的，这已经不重要了。因为我相信即使原作者没有成功发现这个指标，它也会很快被后继者发现，因为这个指标太符合我们对数据的处理了。很多时候，当我们研究数据的时候，总有这么一套手法，往往首先把点连接成线，然后运用某种方式平滑这根曲线，形成相对的直线，直线是最好处理的，我们把它向某一端继续延伸出去，就形成我们对未来的预期。这是一套可操作性非常强，又相对科学的方法，能带给我们某些答案，风靡一时。但就现在来看，类似的方法往往只能得到理想世界的结果；在真实的世界中，任何蝴蝶的翅膀振动都会导致完全相反的结果。但是至少在当时，这个方法是主流的手段。

我们在这里选择的是取前几日价格平均值的方法来平滑这根曲线。这里会有几个小问题，比如我们应该取哪几天。如果不考虑单日交易，似乎股票本身就给我们规划好了线段，比如说5天一周，然后20天一个月，60天一个季度，120天半年等。或者你可以根据自己的兴趣进行调整，有很多专家根据当时的历史数据多次计算后给出了更加准确的数字，这个数字无论如何对现在都没有意义了，因为这个计算是基于当时的数据获取的。当然，我们也可以按照现有的数据来计算，但其实意义不大。因为一旦任何人获取了有效的数字，试图进行获利，这个获利的漏洞必定会在第一时间被弥补；与此同时，借助于计算机试图重新获得这个数字，也就意味着这个数字必定无时无刻不在改变。另外一个小问题是取什么价格，如果从日K线来看，我们至少有四个价格，分别用字母O、H、L、C来表示。目前来看，我们取得的数字是C。官方说法大致是，O是由散户决定的，H、L只是过程中的某个极值，而C是今天最后的价格，更多是由机构或者理性的投资者确定的。我不想解释其中的原因，可能是我内心觉得这个理由多少有点牵强，属于一厢情愿。另外也有专家用O来做这个价格，理由是可更早一步预测价格；或者甚至有用（H+L）/2来做这个价格的。现在假设我们选定了其中一种方案，然后画出了一条平滑的曲线。

还记得我们画出这条曲线的目的是什么吗？是为了预测未来的走势，但是当我们使用较小的周期时，曲线变得非常杂乱，如图1-3-1中的5日均线所示。

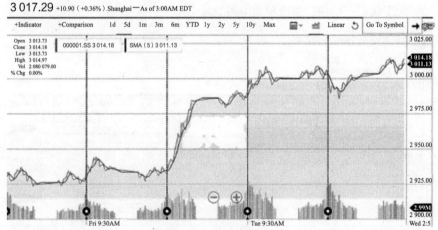

图1-3-1　5日均线示意图

资料来源：雅虎财经。

而当我们使用较长周期，比如50天的数据时，可以发现实践下来无法盈利，如图1-3-2所示。

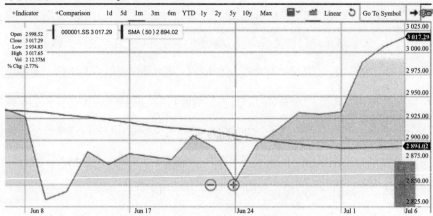

图1-3-2　50日均线示意图

资料来源：雅虎财经。

　　如果我们把均线的数值稍微下调到某个中间值，如图1-3-3所示，似乎
是达到了预测股市的效果。

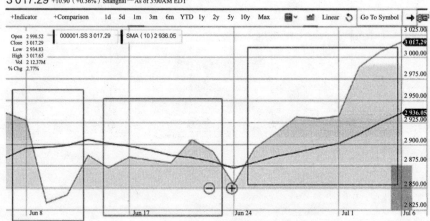

图1-3-3　均线无法有效预测未来走势

资料来源：雅虎财经。

但实际上，真正符合预测的只有最后一个框，而左边的两个框，实际预测和走势相反。

这个现象直到最近50年才慢慢被揭开。人类通过构筑模型来理解世界规律，而以往的模型主要是用来研究物体运动、天体运行，而对这些对象研究的大获成功，导致我们试图把相应技术推广到一切已知的领域，包括经济学等社会科学。就如同我之前所说的，我们试图通过一些数据预测未来，当然未来没办法预测，但就如算命这个古老的职业一样，你永远无法完全地否定它，因为你没法用未来的预测否定另一个未来的预测。近几十年，人们发现一些类型系统天生难以预测，而这些系统相别于遥远的宇宙、时空，它们更加贴近我们的生活，比如蚁群、风暴、大脑组织、人类社会结构、经济等，而股票也是类似这样的结构。

前面我们首次谈及了均线系统并不能帮我们预测股票的未来走向，比如我不能因为目前均线上扬，就可以说未来一个月股票将上涨20%或更多，既然如此，那么均线的故事是否到此为止了呢？恰恰相反，我们的故事实际刚开了个头。

下一个对股票的研究者，试图用牛顿运动理论来发现股票的奥秘。他的想法就是，如同一辆车发动到最高速时，它的加速度必然从0到达某个正数，又恢复到0，进而使车保持平稳的高速；而当车辆减速的时候，加速度必然从0逐渐减小到某个负值，然后恢复到0，这个时候车辆停止。股票的运动如果类比于车辆，也应该遵从这个道理，所以我只要观察加速度，如果加速度大于0，就认为股票未来会上涨从而买入，反之则卖出。然而这个理论在应用的时候遇到一些问题，股票不同于车辆，后者必然有起点和终点，所以必然是从起点加速到终点再减速。而股票就犹如你面对足球明星梅西，他会有非常多的假动作试图让你做出错误的分析，比如股价可能未来会减速，但是在这一刻却做出加速的态度诱导你买入。我们已经一再强调了股票系统是类似于人体的复杂系统，它天生就有自发保护自己的机制。如果人人都能如提款机那样从股票系统获取资金，那么也就意味着股票市场的灭亡。而这一神奇的特性，让研究者深感困扰，因为如果我们完全对这些假动作不管不顾，你的失误正好可以和你的获利相互抵消，如图1-3-4所示。

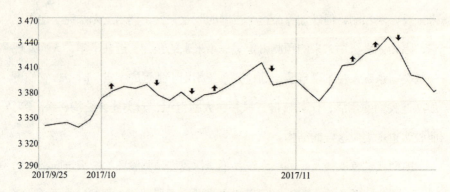

图1-3-4 股市走势并不严格遵守惯性效应

资料来源：新浪财经。

我们可以看到，其中的向上箭头表示的都是在加速后继续上升的情况，而向下的箭头是加速后价格下降的过程，所以这两种情况在股市都存在，也就是说我们不能用加速度这个标准来衡量股票是否应该买入或卖出。

注意，这里重申一下刚才我们发现的一条重要的结论。即**正确的理论可以解释股票某阶段的涨跌，但是并不能让你获利，因为频繁的假跑会让你损失相等的金额，从而维护股票市场本身的平衡。**这个结论之所以重要，是因为理解了它，你就理解了为什么你学习到的各种所谓正确的理论，往往在复盘的时候，尤其是作者引经据典时都显得那么正确，但是在你实际应用的时候就错误百出。这不是你的问题，也不是理论的问题，而是市场就是如此，你试图在股市获胜的时候，它同样在抵抗你。

我们有时听说的用两条均线系统构建的理论其实就是利用加速度的特性，只是均线更加平滑，但本质是一样的。所谓短期均线穿越长期均线，只是表面这段时间股价向上加速了。但是正如我们说的，加速不代表股价就会上涨，明白这一点非常重要。

另一种对于均线的利用，就是MACD，它其实是双均线模型的一种变体，本质也是运动理论的变形，所以我们经常看到专家事后会说"我在股灾之前就说当时已经严重量价背离了，股价就要见顶了"诸如此类的话。以后我们可以有自己的理解——背离是很正常的，背离不代表股价涨跌。比如在牛市中股价一路上涨的时候，会出现若干背离点，但是这些背离都不是股价的最高点。如果在第一次背离就抛出，那基本上牛市就和各位没有什么关系了，那么到底应在第几个背离抛出？还是那句话，事前没人知道，事后人人知道。比如美国曾经持续十多年的牛市，当中不知道出现了多少次背离，在最后的崩盘之前，没有人会因为背离而清仓离场。

4 边界

从均线的另一个用法中，我们引出边界的概念。

均线最初的定义，就是对某段时间价格求平均值，从这个概念很容易联想到与平均值相关的一系列概念，比如方差、标准差等。

如果我们承认股票的波动，也就是说，我们理解股票围绕平均线发生的波动，如同一个人有亢奋的时候，也有阴郁的时候。我们始终认可这个人，理解他的行为。我们不会因为今天他有些亢奋就说他不正常了，就把他送去医院了；但是一旦某天这个人，突然抢劫杀人了，那么我们肯定知道这个人不正常，需要报警。

股票的边界也是类似的概念，当股票的价格在边界内，我们认为股票是正常的；而一旦股票价格跳出边界外，我们就认为这只股票出现异动。如果是向上打破边界，更多认为股票是要向上突破，会有一段上升的行情；反之则是有跳水的迹象。

如果以上的逻辑理清楚了，那么就剩下一个问题，如何界定股票的边界？这又是一个不可能回答的问题，每个人都可以根据自己对风险和盈利的目标自行定义边界，但是我们可以先看看先辈们是如何定义边界的。

一种比较简单的方法是把均线上下等距离平移，平移的距离可以是以标准差为单位，这个方法其实借鉴了正态分布的逻辑。如图1-3-5所示，中间的μ是平均值，大家可以简单理解为均线；σ是标准差，μ两边的字符代表距离μ一个或多个标准差。

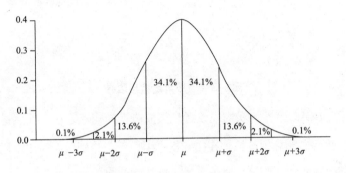

图1-3-5　正态分布

　　股票价格的分布满足于正态分布，从正态分布的特点来看，接近68%的价格都会包含在平均线上下一个标准差的范围内，而大约96%的价格都会包含在两个标准差的范围内，那么我们就认为剩余4%的价格就是出轨的价格。这就相当于一个班级50个人，你找出两个排名最前或者最后的人，这两个人要么就是优等生，要么就是潜力股。

　　另一种构造边界的方法也是利用平均线，但这次是把整体平均线向右平移，平移的间距可以是5天，或是更长、更短的时间。当平均线右移以后，当前价格就更难打破平均线了，这时的一种策略就是持有股票，直到该股票打破右移后的平均线。这个方法因为减少了计算，更加简便，所以一度是股票分析的不传之秘，并且有很多专家利用历史数据去研究对不同的周期应该平移多少距离为最佳策略。

　　图1-3-6是股票平移的示意图，原始的图线是实线，把实线向右平移形成虚线。我们把虚线作为未来线，当实线向下打破虚线时卖出；反之买入。

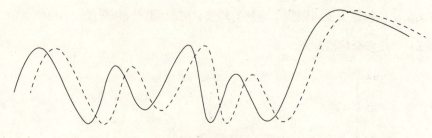

图1-3-6 股票走势与边界

无论是BOLL边界、双均线或者是类似边界的构造方法，天然适合用公式表达，适合电脑分析运算。在实际操作中，手工分析股票时更常用的方法是取股票的某些高点连成一线作为上边界；反之则为下边界。

边界理论被广泛应用，尤其适应于计算机做量化。常常当价格突破上边界时买入；当价格回落到下边界或者均线时则卖出，以此衍生出更多精细的自动化操作，逐渐形成今天的程序化交易。

我们回忆一下上一章的要点，股票市场是一个复杂的系统，本身有纠错功能。这个结论对于边界理论同样适用，虽然边界理论在理论方面是正确的，但是在实际应用上仍然会遇到假跑的问题，如图1-3-7所示。

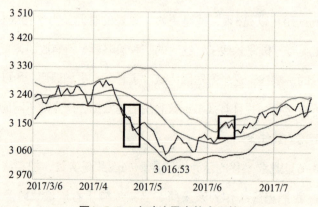

图1-3-7 突破边界走势未翻转

资料来源：新浪财经。

如果按照传统的理论，在左框部分应该买入，但是实际之后的情况继续恶化；在右框的情况下应该卖出，而这样则会错过一波上升趋势。如果我们再仔细看看整个趋势，似乎又可以找到一些"所谓"的点，以此支持传统的理论。

最后要强调的一点是，当边界设定得离平均值越远时，出轨的可能性越小；而一旦出轨，必定情节严重。而且，如果边界设定太远，则完全有可能错过一大段涨幅；反之，越近则越容易出轨，但是常常所谓的出轨只是一些误会。**鉴于边界的假跑因素，把边界设定得远一些，即使错失一些机会，但因此避免了绝大多数的杂音，未尝不是一个好的选择。**

5 摆动

这一节知识点相对简单，在本节，我会演示一个例子来说明如何验证理论，并且对原生的理论不断加以完善。

我们先谈论一下摆动指标，所谓摆动指标主要是为了测试股市的过激反应，股市中把这种过激反应叫做超买或者超卖。还记得我说过我们现在要把股市当作一个人来看，而不是一个输入输出装置么？我们以人来举例，比如说一个温文尔雅的人，有时可能因为心情差突然爆了脏口，通常过了一会心情平复了，他会向你道歉。股票也是类似，通常处于正常波动中，但是偶尔它也会出现一些过于激烈的波动。虽然这种情况非常少见，但是这种情况的出现又是必然的，就如前面举的例子，这个绅士通常都是儒雅温和的，但是如果把他放在漫漫的人生中，必然会有数次失控的情况。

我们之所以对这种偶然失控的情况感兴趣，是因为**一个过激反应往往会跟随一个补偿，从而使股价重新回到正常的轨道。**

在继续下去之前，我不知道大家有没有从过激反应联想到均线加速度的情况。实际上过激反应正好解释了那些价格加速后就下跌的情况。从这个角度来讲，加速度的不同决定了加速后股价的变化。但是到底多少是过激，多少是正常？结果同样是难以捉摸，我们只能说，当加速度超过一个极限后必然是过激了，我们会在后面的极限理论中进一步解释这一部分内容。

上述理论就是摆动指标的核心含义了。我们通常用的核心指标不少，比如RSI、KDJ、CCI等，算法各有差异，但本质是一样的，大家可以任选。这里我们简单制作一个类似的摆动指标，正好证明一下公式迥异但是结果一样的情况。

下面举个例子，先说一下几个前置条件：

1. 选取的股票：平安银行（股票代码000001.sz），没什么特别的原因，只是因为它的编号靠前。

2. 选取的时间段：2014年1月到2015年11月，一般研究会考虑更长的时间范围，这里仅作示范。

3. 计算的公式：$\dfrac{20天内增幅的累积}{20天内降幅的累积}$。

结果如表1-3-1所示（原表近500行，限于篇幅，仅展示部分内容，给大家一个直观的感受）。

表1-3-1　　　　　平安银行2014年1月每日累积涨跌幅

日期	累积涨跌幅（%）	日期	累积涨跌幅（%）
2014-1-2	0.52	2014-1-14	0.65
2014-1-3	0.44	2014-1-15	0.55
2014-1-6	0.42	2014-1-16	0.56
2014-1-7	0.44	2014-1-17	0.50
2014-1-8	0.50	2014-1-20	0.51
2014-1-9	0.49	2014-1-21	0.70
2014-1-10	0.58	2014-1-22	0.93
2014-1-13	0.55	2014-1-23	1.02

资料来源：新浪财经。

对于以上数据，一般我们会参考之前讲的出轨值的情况，也就是把平均值上下3个标准差以外的数据过滤出来。选择更多标准差可以过滤极端的出轨数据，具体的过滤标准可以自行选择。过滤后的数据如表1-3-2所示。

表1-3-2　　　平安银行2014—2015年每日累积涨跌幅（过滤后）

日期	累积涨跌幅（%）	日期	累积涨跌幅（%）
2014-4-9	1.82	2015-3-13	1.74
2014-4-10	2.10	2015-3-16	2.39
2014-6-11	0.40	2015-3-17	2.36
2014-7-10	3.32	2015-4-7	3.45
2014-7-14	0.55	2015-5-7	1.50
2014-7-16	0.48	2015-5-8	1.34
2014-8-22	1.18	2015-5-13	0.79
2014-8-25	1.01	2015-6-8	1.63
2014-8-26	0.56	2015-8-3	0.99
2014-10-29	1.29	2015-8-7	0.54
2014-10-31	2.40	2015-8-10	0.47
2014-11-3	2.80	2015-9-24	1.19
2014-11-28	3.09	2015-9-25	1.67
2014-12-4	4.18	2015-11-4	2.52
2014-12-5	4.65	2015-11-5	2.79
2014-12-8	5.15	2015-11-6	2.87
2015-3-12	1.56		

资料来源：新浪财经。

以上数据我选几条分析一下，更多验证留给大家。按照我们之前的理论，一旦出现出轨的数据，也就是股票行为过激，大多时候过激行为一定会被纠正，我们看一下这几个时间点之后的数据是否被纠正了。为公正起见，我按照斐波那契数列找出三条来进一步加以分析。

图1-3-8至图1-3-10展示了选出的三个时间点对应的后续股票走势。**从长期来看，股票走势可能好，也可能不好，这和我们之前说的股票趋势是难以预测的结论相符；但是短期来看（以一周为例），这个触发点之后的走势是低效和疲弱的。**

图1-3-8中，从圆圈处到接下来一周的时间里表现平淡。从短期来看，我们可以认为2014年11月3日这个点是个低效的点，可以卖出，我们可以通过其他买入策略随后再买入原股，或者买入其他有机会的股票。

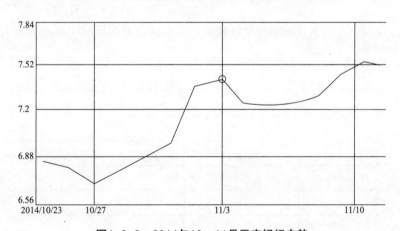

图1-3-8 2014年10—11月平安银行走势

资料来源：新浪财经。

图1-3-9中，从圆圈处到2015年3月31日大致13天，处于平淡期。

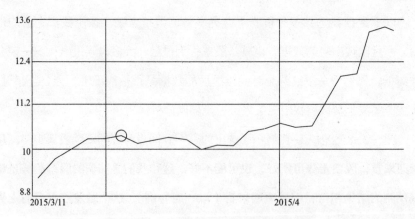

图1-3-9　2015年3—4月平安银行走势

资料来源：新浪财经。

在图1-3-10中，2015年11月6日这个时间点以后，虽然还有一次上涨4%左右的机会，但是后面如果继续持有股票的话，至少一周内都是不利的。另外这张图和上面两张图的一个区别是，上面两个情况里的中期走势是上涨的，而这个例子中，未来是持续下跌的。

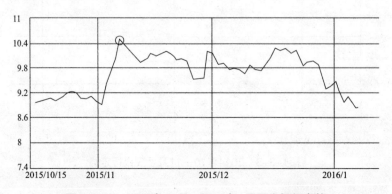

图1-3-10　2015年10月—2016年1月平安银行走势

资料来源：新浪财经。

参照上述例子，我们简单地卖出，5天以后再买入（假设我们原有的策略都是持有策略），在最完美的情况下，至少可以节省2%左右的波动。而一年平均下来有15次左右的机会，积少成多，算下来就是多赚了30%的收益，已经是非常可观的了。

如果大家之前使用过摆动指标，可能已经注意到我给的例子和通常的使用方法有所不同。正所谓一法通，万法通，知道了摆动指标的道理，具体怎么用就仁者见仁了。

6 形态

　　这章要与大家分享股票的形态，而形态是个很大的话题，从古典到现在有很强的关联，因此这里试图从一个切入点——K线谈起，窥一斑而知全豹。

　　K线本来不是一个指标，而是用来描述股票走势的。K线诞生于日本，在K线还没有传入美国的时候，美国人分析股票用的是曲线图。即使K线传入美国后，美国人也是继续使用曲线图进行分析，原因就是K线和曲线图功能大致重叠了。我们来看一下曲线图是如何画的，它是把每天、每周、每月的收盘价连接起来形成走势图。当然也不一定用成交价了，有时用中间价也可以。没有一定的说法，股票本来就是一个不羁的浪子，别用一个模板限制死它。

　　K线使用最高、最低、开盘、收盘四个价格拟成一个图形，按理说K线的信息量远远超过曲线图了，那么为什么美国人民如此顽固不化呢？有很多原因，但最重要的一个原因就是K线并没有表面上那么神奇。下面举一个例子，如图1-3-11所示。

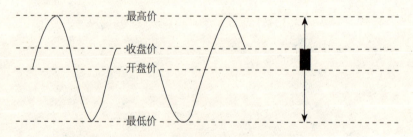

图1-3-11　同一K线形态下，其当天走势截然不同

这两个图如果用K线表示是完全一样的，如果仅从单根K线来看，从传统的观点解释，似乎这是个好消息。但是现在我们知道这两个图形成的原因是截然相反的，如果是这样，那么这个K线的意义一定是不确定的。当使用更高等级的K线，比如周线、月线时，K线的这种二义性的特点将被进一步放大，造成更多的困扰。

所以你看到一幅K线图，如果是红柱的不要太开心，绿柱的也不要太多难过，因为有一半的机会是与你的预期相反的。这里要说一下，之所以用曲线图，或者K线图，都是因为以前股票分析主要是通过肉眼观察判断，所以我们不得不把数据加以压缩来得到简化的视图。但是在今天，许多机构已经采用例如大数据分析等相关技术，可以毫不费力地观察到秒级的庞大数据，以此来产生信号，买入卖出，在这一方面已经远远领先一般的中小投资者。从这一点来讲，如果今天我们依然试图在短线上对抗机构，已不是螳臂挡车可以形容的了。

言归正传，正因为K线这样的问题，所以很多时候如果你去从红柱、绿柱的关系上判断问题是毫无意义的，而比较正确的方法就是观察K线的走势，这一点几乎就是曲线图的应用了。下面为了简化问题，我就不讲K线图组成的种种形态，而是讲曲线图组成的种种形态了。有关K线图种种匪夷所思的搭配，大家茶余饭后可以买本关于蜡烛图的书看一看，但是不要太当真。

曲线图和对应的K线图，如图1-3-12所示，大家可以比较一下。

从走势来讲是不是曲线图更加直观，少了很多信息的干扰？

我们还是以平安银行作为例子，从这个例子来看，如果你把日期、金额和股票的名字抹掉，那么没有人分得清这到底是什么股票，是A股还是美

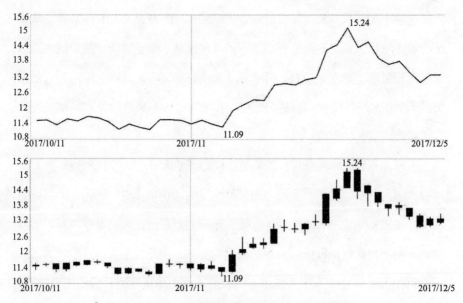

图1-3-12　平安银行2017年10—12月走势图

资料来源：新浪财经。

股？所以当你看到这个曲线图的时候，可以想象在数十年前，也有相同的投资者，日复一日地研究类似的图形，他们试图从这个图中找出某种线索，可以预示未来股票的规律。某个聪明人想到把高点连起来构成一条直线，把低点连起来也构成一条直线，看看会发生什么变化。如图1-3-13所示。

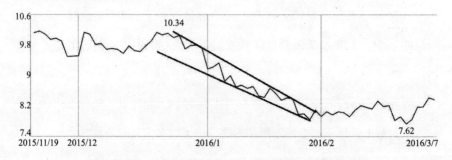

图1-3-13　平安银行2015年11月—2016年3月走势图

资料来源：新浪财经。

两条直线最终会相交，而整个图形类似一个三角形。这是前人发现的一个规律，在很多趋势里面似乎都可以形成一个类似三角形的形状。那么这个三角形代表什么呢？我们假设下面一个场景，如图1-3-14所示，如果给予下面的场景和无限的时间，公司和大环境都不变，最后会如何发展？

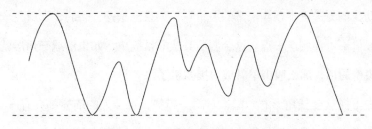

图1-3-14　趋势自然演化成三角形

谜底大家可能猜到了，会形成一个三角形。原因很简单，因为一旦越来越多的人知道了这个可以低买高卖的机会，则会有更多的人利用这个机会，也就意味着引入更多的竞争。比如说，这个底部价格是10元，顶部是20元。目前只有两个买家，A10元买入，那么B只能11元买入，但是他也愿意买入，无非是少赚点而已。但是如果现在有成千上万的买家，那么最终总有人买不到，或者卖不出去，所以对于那些买不到或者卖不出去的人而言，最好的方法就是不管现在这个价格，直接报个高价或者低价，即使利润微薄，也好过两手空空。而类似的**竞争就会不断挤压两边，直到形成一个三角形，使得双方都已无利可赚。**

这个三角形无论是在上涨、下跌或是盘整中都可能出现。在上涨的途中，可能是空方阶段性地认为涨势太快可以打压一把，而在下跌的趋势中，或许是多方中途屡次以为下跌趋势已到尽头而多次尝试。这一系列反复试探会不断有不同的投资者出于不同的目的反复发起，而通过不断的试探，最终多空达到对趋势的一致认识。实际情况会更加多变，通常只要利润低到一定程度，即多方不愿继续推动股票上涨，空方不敢继续打压股票，基本上这一局游戏就会结束，所以通常不会有理想中的封闭三角形，而大多是形似三角形的图形。

剩下的一个问题比较直接，一旦我们判断出将会形成三角形，那么是否会帮助我们更进一步预测未来的股价呢？如果你是这么想的，那就完全没有理解股价不可预测这一点。这个判断其实非常简单，**如果形成三角形就能够预测股价的话，那么股市早就成为提款机了。**

先不提这个三角形的画法，对同一趋势，每个人的描述都会有所不同。即使每个人都画得一样，代表同一个意思，也同时假设我们都同意这个三角形并不能预测股市，那么我们费尽心思找出这个三角形的意义何在？实际上**这个三角形代表了股票价格的减速**。从运动观点来讲，我们以为加速的股票比减速的更安全。所以在趋势上升时，我们更希望看到的是一个平行的双轨，而不是一个三角形；相反，当股票下降的时候，我们更希望看到一个三角形，而不是平行的双轨。将这个概念进一步推导，就会得出**背离的最初步概念**，就是股价在上涨，但是股价上涨的速度却下降了，图1-3-15显示了类似的情况。

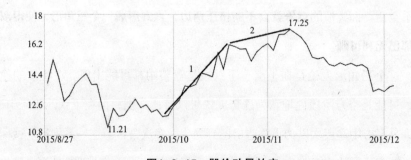

图1-3-15 股价动量效应

资料来源：新浪财经。

上面的例子中，最后可以看到股价下跌了，但这只是个巧合，实际股价可能上升，也可能下跌。通常情况下，我们可以确定的是，**线段1后的线段2虽然角度变小了，但是在这期间股价仍然会上升**。而这也就是江恩为什么强调角度的原因。因为处于线段1时，你将更加安全，更加有力；而线段2期间则会有更多的不确定。

看到这里，我不知道大家是否由此联想到之前介绍均线时说的MACD的概念。这里补充一下，MACD也是对价格速度的研究，而MACD的背离也同样是价格创新高，但是加速度下降了。所以两者的核心概念是相同的，遇到的问题也是相同的。唯一不同的是，三角形属于视觉范畴，比较容易手工作图判断；而MACD则是把这一原理数字化，可以完美地支持程序化交易。

这一节说到这里，基本上把三角形这一形态说清楚了。所谓一法通，万法通，大家以后看到其他形态的理论，只要把核心概念套上去解读，基本就会发觉变化的只是形式，或者方式。而一些书上成千上万的形态以及后续的变化，除去妄想和历史原因外，精简下来其实也就是这个三角形理念，大家可以仔细研究一下。

最后，简单交代一下支撑线和压力线的概念，其实就是三角形的上下两边。缠论有句话，"走势终完美"，讲的是**走势必将结束，从图形上来看必定是从平行的双轨慢慢演化到三角形的双边，理想中最终达到三角形顶点**。这是一个很自然的过程，很难出现从一个顶点向外无限延伸两条边的情况。这就好比两个人吵架越吵越离谱，最后都忘记吵架的原因了。这种情况是不会在股市出现的，因为任何股市的投资者无论是居庙堂或者江湖，最终都是为了盈利，这个目标是不会偏离的，没有人炒股不为赚钱，只为刺激。那么在这种情况下，已经有人证明了，**只要通过有限次的争论，最终必定达成双方**

一致的结论。

股市这种趋势最终演化为三角形的形态，对于部分投资者而言，则为其提供了低买高卖的机会，即在双边的下边买入，上边卖出。这种做法原则上在任何趋势上都可以实行，但是实际上在上升趋势和下降趋势时都比较难以把握。在《股票大作手》一书中，曾经提到过如果在**牛市就应该牢牢持有股票**，作者反复强调这一点，这已经是一个公认的经验了，类似于公理，无需验证。其实即使对于盘整的行情，我仍然不建议使用这种操作手法，因为即使对于熊市，仍然有出众的股票，与其在普通震荡的股票中火中取栗，不如顺势操作那些更加优秀的股票。如果说股票市场中也有上、中、下三策的话，那么下策是逆势而为；中策就是势均力敌时，狭路相逢勇者胜；而**上策则是顺天承运**。当然，至于如何能够时刻挑选优秀的股票，那就是另一个话题了。

当我们得到最基本的三角形后，其实我们就得到了所有复杂的形状。比如头肩顶，其实从日的角度来看是多个三角形的组合；而如果我们从月的角度来看，那么其本身是另一个三角形。如果这么理解，其实大家就可以知道为什么按照某种形状的顶或者底来操作无法盈利了。

7 量变

　　我们上一章讲到，任何一个趋势必将以三角结束；然后得出两个结论，第一个结论是下一个趋势究竟是好是坏是无从预测的，第二个结论是当前的趋势不必走到三角顶点，中途就可能夭折。第一个结论是没法避免的，只能接受，这是股市的特性。但是第二个结论却可以优化，至少我们可以更快地知道当前的趋势是否已经结束，新趋势是否要展开。这样做的一个好处就是，如果我们身处下降趋势，那么我们完全没有必要始终守着股票任其下跌，去等待不知何时开始的另一个趋势；而是可以空仓等待，然后在趋势结束前买入。如此虽然仍然无法从技术角度了解下一个趋势的方向，但是至少避免了下跌趋势中间状态的损失。这个秘诀就是源于成交量的指标。

　　在介绍这个秘诀之前我们先回顾一下有关成交量的一些话题。

　　股票其实仅仅有两个指标，一个是价格，另一个是成交量。对于价格的研究非常多，前面已经介绍了，相比之下，对于成交量的研究则显得冷清很多。即使最后主流的意见是量在价先，或者是成交量是起飞的动力等，也很难用于实战，更不用说我们可以找到太多的反例来挑战这个观点了。比如2008年和2016年的股票崩盘等等，哪次不是成交量大增以后，雪崩就发生了？我之前曾经研究了上海证券交易所十年以上的数据，找出**所有放量的时间点，然后观察之后的价格走势，研究结果是好坏参半，而这个结果在个股**

中也同样适用。

有关放量后大涨的例子，在任何一本证券技术书里都可以轻松找到，我们不在此处列举了。此处举个放量下跌的例子，如图1-3-16所示，图中的方框是承德露露在2015年12月期间的一段走势，要形容的话就是"量价齐升"，当时的确也有人认为承德露露股票价格将大涨。

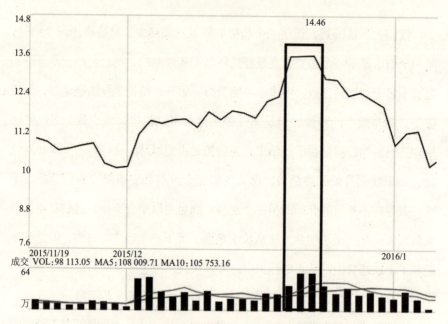

图1-3-16　承德露露2015年11月—2016年1月走势图

资料来源：新浪财经。

但是实际的走向绝对算不上起飞，我们可以看到在图中方框的右边再次出现放量后一泻千里的结果。

另外一个相同的例子是三一重工，如图1-3-17所示。

更多的例子其实在任何指数、个股的不同时间点，甚至无论是在高位、中位、低位时都有出现。而这些屡次出现的事实不知何故往往被写书人忽

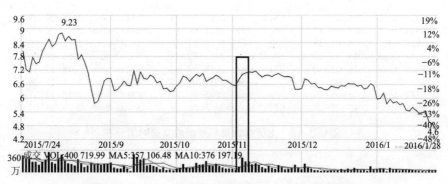

图1-3-17 三一重工2015年7月—2016年1月走势图

资料来源：新浪财经。

略。我以为这个问题前辈已经发现了，同样拿不出什么好的方法，这也就是为什么和成交量相关的理论指标会如此苍白，只有能量潮（OBV）等少数几个指标，而且只能起辅助作用，效果寥寥。成交量作为和价格平行的最基本的指标，如同鸡肋，食之无味，弃之可惜。

我对以上现象的解释是**放量天然难以研究**，因为放量本身代表了疯狂的情绪，而疯狂的情绪引出任何结果都是可能的。正如同不要试图和疯子讲道理，放量同样难以捉摸。

对放量研究的失败促使我思考一个问题，有没有可能缩量会更有研究的价值。如果我们把放量视作疯狂，那么**缩量是否就代表理智，代表市场双方都充分认识到当前的形势**，觉得无利可赚？另外放量对于个股而言，完全可以由庄家来引导、操纵，防不胜防，但是缩量应该完全是市场自身形成的，难以人工操纵，毕竟没有人能捆住投资者的手脚。

基于以上设想，我自制了一个指标，这个指标是判断当日的成交量是否是20日的最低成交量，然后我们来观察这个时间点之后会发生什么。

我首先把它应用在大盘指数上，图1-3-18是2015年成交量萧条时的时间点。

SSEC time：2015−01−08	SSEC time：2015−05−18	SSEC time：2015−09−28
SSEC time：2015−01−12	SSEC time：2015−06−19	SSEC time：2015−09−30
SSEC time：2015−01−13	SSEC time：2015−07−29	SSEC time：2015−12−07
SSEC time：2015−02−09	SSEC time：2015−07−31	SSEC time：2015−12−09
SSEC time：2015−02−10	SSEC time：2015−08−06	SSEC time：2015−12−11
SSEC time：2015−02−11	SSEC time：2015−09−08	SSEC time：2015−12−29
SSEC time：2015−05−06	SSEC time：2015−09−11	SSEC time：2015−12−31
SSEC time：2015−05−07	SSEC time：2015−09−18	SSEC time：2016−01−07

图1-3-18　上证指数累积最低成交量时间分布

资料来源：新浪财经。

我们从图形上来看，如图1-3-19与图1-3-20所示，我把趋势线大致标上，只取头部2015年1月12日、13日，以及尾部2015年12月7日、9日、11日进行分析，更多的分析留给读者自行验证。

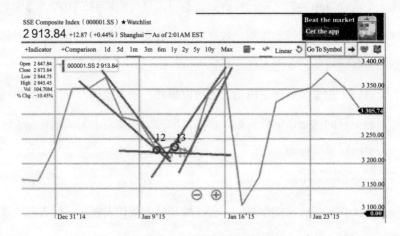

图1-3-19　2015年1月上证走势

资料来源：雅虎财经。

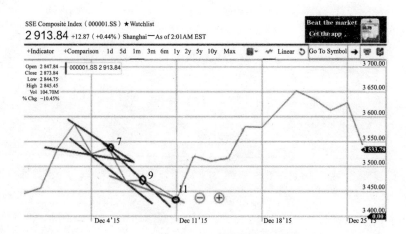

图1-3-20　2015年12月上证走势

资料来源：雅虎财经。

　　我们得出的结论是：**趋势是不断变化的，趋势的时间是不确定的。一个趋势的完结不能预知下一个趋势，但是通常一个趋势的完结伴随一个枯萎的成交量。**

　　把上述想法应用到个股上也可以得出类似的结论，请大家自行验证。

第四部分

操 作

这一部分会结合前面讨论的所有知识点，取其精华，去其糟粕，重新构建我们的系统。所以阅读这一部分的前提是，之前的知识点都确切无疑地掌握了。如果对以上知识点有任何问题，可以自行温习前文，或者微信和我联系，相互讨论。

❶ 天时

所谓天有不测风云，当我们选完股后，最大的危险就是天变，简单来说就是，如果上海证券交易市场和深圳证券交易市场崩盘了，那么即使我们当时选的股再好，也避免不了损失惨重。这一部分我们就来看看如何根据指数来获取一些启示。

概述

在真正深入指数之前，首先考虑一个问题，为什么需要指数？

实际上这个问题之前已经隐隐给出答案了。股市的目的是促进国家经济的发展，那么我们就需要知道股市运转是否正常，以及它是否发挥应有的作用，是否达到了目标。为了了解上述以及更多的问题，需要用一种方式对股市运行的各个环节进行量化，才能精确地分析评估，而股票指数就是其中的一种量化方式。

上证指数是最早的一类指数，从今天的角度来看，存在很多问题。比如大市值的公司对指数影响非常大，但是在中国，"两桶油"和四大行本身并不代表中国股市的发展；又比如流通股和非流通股对于股市的意义也迥然不同，不应该一概而论等等。

针对以上问题，先后推出了一系列其他指数，比如沪深300指数和中证500指数，分别代表了中国股市影响力排名在前300名，和301～800名的股票，**个人以为后者比前者更重要**。图1-4-1中的三张图给出了2016年4月12日—8月4日这一段时间内三个指数的走势区别。

我把上证指数故意放在中间，从而可以方便大家比对沪深300指数和上证指数，以及上证指数和中证500指数之间的区别。

大家可以看到沪深300指数的走势还是类似于上证指数，而中证500指数相对平滑很多。其中很大的原因是上证指数和沪深300指数中共同包含了"两桶油"和四大行为首的蓝筹公司，而这些公司的A股往往具有以下两个特点：市值大；换手率低。

我们取2017年12月6日中国石油（大盘股）和药石科技（中小盘股）的流通情况进行分析。中国石油的流通市值为1.3万亿元，换手率为0.01％；药石科技的流通市值约13.5亿元，换手率为32.36％。

市值高导致该股的涨跌极大地左右了相应指数的涨跌，而换手率低意味着短时间的资金涌入和涌出极易对股价造成明显的冲击。一个典型的例子就是光大证券"8·16"乌龙指事件，用70亿元资金撬动了20万亿元的中国股市。图1-4-2展现了2013年8月16日当天的股票走势。

通常个人投资者选择的股票是和这些蓝筹股相对的小盘潜力股，因为大盘蓝筹股往往以稳为主，而小盘潜力股相对更具操作性。因此，**对于个人投资者而言，类似上证指数并不具有指导意义**，这也就是我更推荐中证500指数的原因。如果读者更多关注的是蓝筹股，那么上证指数当然是更合适的。①

———————————

① 更多指数的研究可参考 http://www.csindex.com.cn/sseportal/csiportal/zs/indexreport.do?type=1。

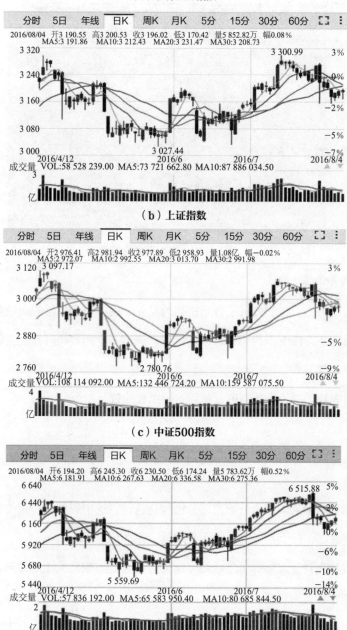

图1-4-1 2016年4月—2016年8月各指数走势

资料来源：新浪财经。

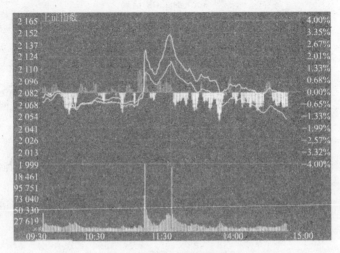

图1-4-2　光大乌龙指事件

资料来源：新浪财经。

到此为止，我们分析了各个指数的差异。选择适合自己的指数是分析指数的第一步，接下来我们要讨论，当我们选定一个指数的时候，我们如何研究这个指数。

首先我们讨论指数的**形**，然后讨论指数的**数**。

取象

指数的形其实在之前形态部分已经讨论过，这里只补充位置的概念，即什么是底部，什么是顶部，什么是顺位，什么是逆位。

我们先讨论底部，可分成两个部分：一个是宏观意义上的顶部，另一个是微观意义上的底部。

宏观意义的底部，我们取近十年的上证走势来看，如图1-4-3所示。

图中底部的线就代表股市的绝对底部，我们可以看到它有几个特点：

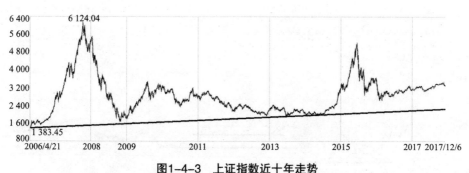

图1-4-3　上证指数近十年走势

资料来源：新浪财经。

（1）绝对底部难以破坏；（2）股价触底反弹；（3）底部缓慢上升。我认为，目前的绝对底部大致在2 000点。

解释一下第一点和第三点。

第一点实际上划分了企业的生命线。如果股价低于这个价位，意味着大批企业资不抵债——很多企业拿股权质押去融资，如果股价跌破这个点位，这些被质押的股权会被强制拍卖，从而导致大批中小企业倒闭。因此，我认为这根红线是国家必须力保的。

对于第三点，我认为它代表了货币的贬值，因为贬值了，所以自然成本价逐年上升。

微观意义的底部以半年以内的期限为单位进行分析，我们用一张图来解释这个定义，如图1-4-4所示。

我们可以看到，1作为第一个形成的底部，但这个底部是未经检验的，直到2形成了对1的一次检验。同理3对2形成了一次检验，4对3形成了一次检验，依次类推。到此陆续形成的防线是图中所示的三条线。我们可以看到，当最上面的防线被突破以后，股价很容易突破至下一道防线，这个时候有可能继续突破，但是相对之前要困难很多。在图中，当股价突破第二道防线的

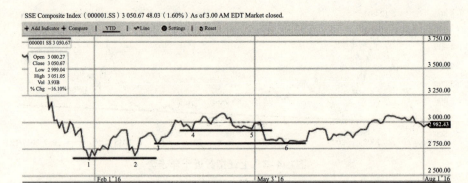

图1-4-4　上证指数2016年上半年走势

资料来源：雅虎财经。

时候就转折向上了。

综上所述，**我们可以认为底部是最近一段时间的最低点，而底部的安全性是由后一个底部保障的，由此推论，若一个底部被突破，则安全的位置是上一个底部。**

与以上理论相对的是我们常见的所谓连接各个底部形成所谓支撑线的理念，如图1-4-5所示。

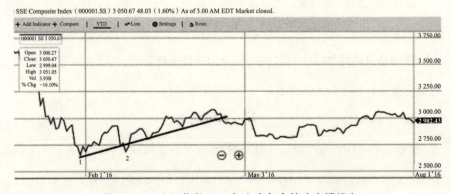

图1-4-5　上证指数2016年上半年走势（支撑线）

资料来源：雅虎财经。

而实际上验证下来,所谓的**支撑线,更加容易被突破。而突破后的股价走势可上可下,实际操作性很差。**

上面讲了如何通过指数判断底部,下面我们谈一下对顶部的判断。

同样先从宏观说起,我们可以看到股市顶部与底部不同,**顶有多高是无法预计的。**不同于底部的相互支持、层层推进,顶部往往相距甚远、相互孤立。

从长期来看,我们可以看到底部是一个向上抬升的过程,而历次主要的顶部则相对随机,相互之间没有必然关系。

也就是说,我们**没有办法通过历史规律来推断未来的顶部**,或者说我们没有办法通过上一个历史顶部来预测接下来的顶部位置。同时,我们也很难通过形态来判断股价是否见顶,而通常的方法,比如量价背离的方法,我在之前也已经解释过它的利弊。可以说**判断股票顶部远比判断底部要困难得多**,甚至可以说是无法完成的任务。这也就是为什么在牛市中期,大多数人会获益;但是当牛市转为熊市时,当时获益的大多数人往往轻易沦为"韭菜"。我们会在指数的量化这一部分给出一些方法,给予我们更多的逃生机会。

从微观角度来讲,价格的顶部之间的关系,存在于**当两个顶部相邻的时候,前一个顶部会对后一个顶部产生压力,**如图1-4-6所示。

以上顶部的规律给我们的一个可能启示(也是很多熊市高手所奉行的)是:**当价格临近顶部的时候卖出,在底部买入。**按照这个逻辑,我们来看一下2015年这一波牛市的起点,我们姑且认为是2014年5月,如图1-4-7所示。

所以我们大致在底部买入,在接近上一个顶部卖出。我们可以看到,这

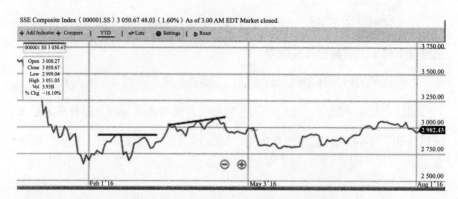

图1-4-6　上证指数2016年上半年走势（压力线）

资料来源：雅虎财经。

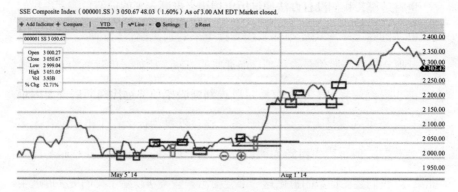

图1-4-7　上证指数2014年走势

资料来源：雅虎财经。

种方式更适合在股价盘亘的时候采用；而在牛市，可能导致我们错失主要的涨幅。但矛盾的是，我们难以把握股价何时盘亘，何时形成牛市，再加上买入和卖出点的选择误差，导致**这种策略从长期来看，理论价值更多于实践价值**。

因此我推荐的另一种策略是在**底部买入，然后继续持有，享受"马背"上的颠簸，直到触发我们的卖出指标**（我们会在后面的量化部分讨论一些卖出指标）。另一个和这个观点不谋而合的是我们之前谈论的边界策略，例如，当短期均线向上突破长期均线时买入持有，直到短期均线向下突破长期均线时卖出；或者当股票超过15日最高点时买入持有，直到股票向下打破15日最低点卖出等。

了解了顶部和底部的概念，我们就可以进一步讨论顶部和底部之前的空间，而这部分空间的运动如图1-4-8所示。

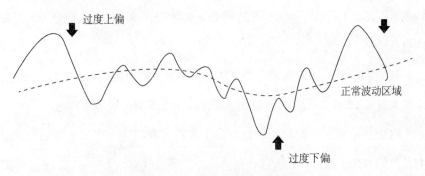

图1-4-8 股价走势示意图

首先，我们引入**均线回归理论**，即股价随时会发生波动，但是股价总归要回归于均线。进一步推论，短期波动回归短期均线，长期波动回归长期均线。

其次，均线的方向是不可预测的；均线和股价是相互靠拢的，均线稳重，股价灵动，偶尔股价会暂时远离均线，但是之后两者又会再次靠拢。

根据上述想法，我们就可以针对均线刻画出股价虚高和过低的区域以及两者之间的正常波动区。**当股价处在正常波动区时，任何向上或向下的运动都有可能，但是当股价远离灰色区域，则接下来股价倾向于回归**。正如所有的理论都有缺陷，这个理论也会有问题，但是相较于其他方法，表现要好得多，我们会在量化部分进一步讨论。

量化

指数的数指的是通过量化指数，使用科学的方法研究数字的规律，从而盈利。

这里举一个上证指数中跳空的例子先大致说明一下方法，后面会着重讨论判断顶部和过度偏离的情况。

老股民会有这样的感觉，就是指数不易跳空，跳空的概念就是今天指数的最低价高于昨天收盘的最高价。

我们拿近十年的数据来看看总共有多少跳空的情况出现，实验结果是，十年大致是2 300多天，其中仅100多天发生向上跳空，概率是5%。

这个结论和我们的猜想吻合，接下来希望利用这个事实来帮助我们盈利。我们的想法是，如果大盘开盘价跳空，那么就有极大的可能回补，即**如果开盘价高于昨天最高价，那么最低价低于昨天最高价。**

对于这个设想的结果，其中有三点是我们比较关心的：

1. 开盘价高于昨天最高价这种情况出现的频率如何？

2. 开盘价高于昨天最高价后，最低价低于昨天最高价的概率是多少？

3. 如果做空，可以有多少盈利空间？

同样使用数据测算，最后的结果如下所示。

1. 开盘价高于昨天最高价这种情况出现的频率为**16%**。

2. 开盘价高于昨天最高价后，最低价低于昨天最高价的概率为**72%**。

3. 满足以上两点后，我们计算开盘价与最低价的跌幅，得到平均值为**1%**。

上面的例子对于指数操作者会更有意义；对于股票投资者而言，如果出现以上的情况，则不必急于买入股票，而是可以等大盘下跌到昨天收盘的最高点后再买入也不晚。其实上面的例子还有更多可优化的空间，这里只是举个例子加以说明。

另外一个更加明显的例子是，当上证指数当前的最低价打破布林带时（这里布林带的参数取的是3倍标准差，15天），那么接下来的10个工作日的10年收益总和是-1.27。更通俗地说，当上证指数的最低价打破布林带的时候，就必须撤离股市至少一个月以上。

我们来看看满足以上条件的时间节点有哪些。如图1-4-9所示，SSEC time指上证综合指数时间，ret指5天后的总体收益率。我们可以看到有几个节点的**负收益**非常明显，分别是在2008年1月17日、2008年1月21日、2008年6月10日、2008年8月11日、2015年6月19日、2015年6月23日、2016年1月4日以及2016年1月5日。将其标记在图中，如图1-4-10及图1-4-11所示。

```
SSEC time: 2008-01-17   ret: -0.083
SSEC time: 2008-01-21   ret: -0.1
SSEC time: 2008-01-22   ret: -0.019
SSEC time: 2008-03-13   ret: -0.041
SSEC time: 2008-05-21   ret: -0.023
SSEC time: 2008-06-10   ret: -0.093
SSEC time: 2008-08-11   ret: -0.061
SSEC time: 2010-01-22   ret: -0.045
SSEC time: 2010-01-26   ret: -0.028
SSEC time: 2010-04-19   ret: -0.003
SSEC time: 2010-04-20   ret: -0.024
SSEC time: 2010-06-29   ret: -0.007
SSEC time: 2010-06-30   ret: 0.01
SSEC time: 2011-04-26   ret: -0.025
SSEC time: 2011-04-27   ret: -0.018
SSEC time: 2011-05-23   ret: -0.025
SSEC time: 2011-05-24   ret: -0.008
SSEC time: 2011-07-25   ret: 0.006
SSEC time: 2011-07-26   ret: -0.009
SSEC time: 2011-08-08   ret: 0.039
SSEC time: 2011-08-09   ret: 0.032
SSEC time: 2011-09-26   ret: -0.02
SSEC time: 2012-03-15   ret: 0.001
SSEC time: 2012-06-04   ret: -0.001
SSEC time: 2012-06-25   ret: 0.001
SSEC time: 2012-06-26   ret: 0.003
SSEC time: 2012-10-26   ret: 0.024
SSEC time: 2013-06-07   ret: -0.031
SSEC time: 2013-06-13   ret: -0.03
SSEC time: 2013-10-25   ret: 0.008
SSEC time: 2013-10-29   ret: 0.013
SSEC time: 2014-10-23   ret: 0.038
SSEC time: 2015-06-19   ret: -0.095
SSEC time: 2015-06-23   ret: -0.062
SSEC time: 2015-08-24   ret: 0.004
SSEC time: 2015-11-27   ret: 0.026
SSEC time: 2015-11-30   ret: 0.027
SSEC time: 2016-01-04   ret: -0.084
SSEC time: 2016-01-05   ret: -0.079
```

图1-4-9　上证指数累计收益（部分）

资料来源：新浪财经。

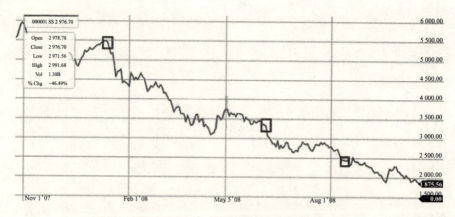

图1-4-10　上证指数2008年走势

资料来源：雅虎财经。

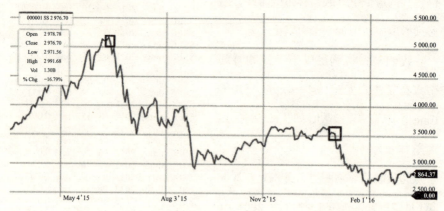

图1-4-11　上证指数2015年4月—2016年2月走势

资料来源：雅虎财经。

以上大盘连续5天或者更长时间暴跌的代价最终是消耗掉之前所有的盈利，甚至导致大幅亏损，而如果得知这些预警，将会给我们带来非常大的帮助。

最后介绍一下通过量化的方法，如何能够判断某一时段的顶部和底部。方法前面已经介绍过了，就是通过计算偏离值的方式，公式大致原理如下：

1. 取每日股价的最高价和最低价，减去对应20日均价的绝对值中最大的数形成数列。

2. 该数列取20日平均值和标准差，过滤出数值超过平均值加两倍标准差的日期。

我们把以上规则运用到上证指数，得到如下日期。在这些日期中，股价到达了顶部。

2007-07-24	2007-10-16	2015-05-26
2007-07-25	2014-12-04	2015-05-27
2007-07-26	2014-12-05	2015-05-28
2007-07-30	2014-12-08	
2007-10-15	2014-12-09	

把上述日期标记到图1-4-12中，如下所示。

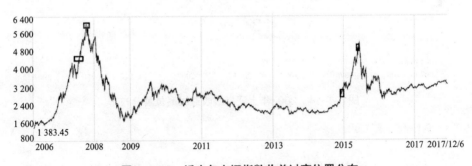

图1-4-12 近十年上证指数收益过高位置分布

资料来源：新浪财经。

我们可以看到这几个卖点几乎接近理论的最高点，如果我们再次放大来看，如图1-4-13所示。

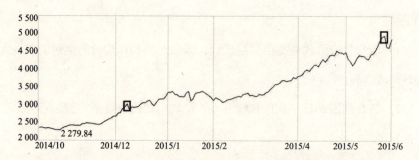

图1-4-13　2014年10月—2015年7月上证指数收益过高位置分布

资料来源：新浪财经。

　　我们可以看到第一个卖点其实是假信号，但是即使是假信号，我们可以看到在2015年的2月6日，股价基本又回到了当时的价格，而后一个卖出信号就非常准确。如图1-4-14所示。

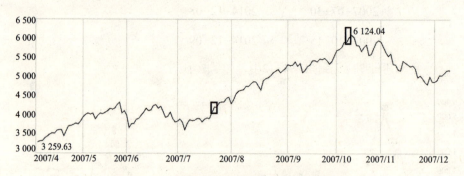

图1-4-14　2007年上证指数收益过高位置分布

资料来源：新浪财经。

　　同样是一个干扰信号和一个非常优秀的信号，结合我们之前谈到的雪崩时至少出现多次的小雪崩，我们推测，**一个最终的信息出现之前必然出现至少一个干扰信号**。

　　大家可以通过调整参数得到更加合适的结果，请自行研究。

　　我们再来看看底部的数据，结果表明，底部数据出现的次数明显远远高于顶部数据出现的次数。

2007-11-08	2009-08-19	2015-07-06
2007-11-09	2015-06-19	2015-07-07
2007-11-12	2015-06-23	2015-07-08
2007-11-13	2015-06-26	2015-07-09
2008-01-22	2015-06-29	2015-08-24
2008-01-23	2015-06-30	2015-08-25
2008-01-28	2015-07-01	2015-08-26
2008-01-29	2015-07-02	2015-08-27
2008-01-30	2015-07-03	2016-01-14

我们取其中一部分标记在图上，如图1-4-15所示。

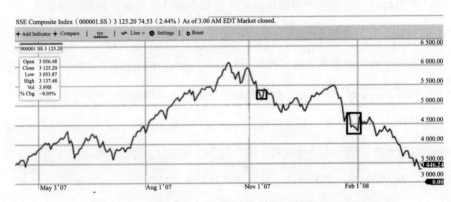

图1-4-15 2007年4月—2008年5月上证指数收益过低位置分布

资料来源：雅虎财经。

我们可以看到，相较于顶部，中途的底部更加不可捉摸，哪怕下跌再多，仍旧可能只是下跌到半路。本节的量化方法虽然在这里没有帮到我们，但是给了我们一个启示，**一定不要因为下跌得多而买入。**

② 地利

在观天之后才考虑选择买入哪些板块的股票，具体可以做多种细分，比如从公司规模成熟度来看，可以分成蓝筹股、中小盘股、创业板等；从行业来分，有娱乐、医疗、教育等；从热点题材来说，如"一带一路"、国企改革等。

如何从中做出最好的选择，简要来说是**得时、得位**。我们在这一部分讲得时，下一部分讨论得位。

所谓**得时**，是指一个股票板块无论是实力板块还是潜力板块，或者不入流的板块，在某个时刻都有过年吃顿饺子的时候。如果能够卡准这个时间点，那么事情就是事半功倍；否则就是身不逢时，英雄无用武之地。

同时，这个**时**，对于每个板块都是变化的，不可预测的。实际上这个时间点是从什么时候开始的，只有在回溯历史的时候才能找到。同理，这个**时**是什么时候衰败的，局中人是难以察知的。基于以上原因，要想清晰地把握得时的始末，非人力可为。但是自古一等一的人往往擅长从微末中观察问题，找到九死中的一生。举个例子来说，诸葛亮无可否认是一等一的聪明人，从刘备寄居他人之时就敢于下注追随，因为诸葛亮看出了刘备是当时少有的英雄人物，这就是观微。但是如果我们把目光放远一些，我们看到诸葛家族三兄弟，诸葛瑾、诸葛亮、诸葛诞竟然分投三家——魏、蜀、吴！这是何种眼光？！这是何种布局？！如果我们从诸葛家族的角度来看，首先，他们解决了**如何评判人**的问题；

其次，实际上在那个时间、地点，即使再聪明的人也只能了解天下大势是到了改朝换代的时候，但是天下究竟最后由谁来坐，没有人知道。虽然没有人知道最终谁能成王、谁是败寇，但是至少可以判断哪些是最有机会的人，诸葛家给出了答案。而且这个答案现在回推来看也是非常正确，甚至完美的，因为哪怕历史再倒推到那个时间点重新来一遍，可能最终的结局也会发生变化，但肯定是这三家之一得天下，所以诸葛家族无论如何都会在这个乱世中生存下去，甚至是发扬光大。诸葛家族使用的这个方法就是在判断天下英雄的基础上，**如何选择英雄**。诸葛家族使用的方式是**分散选或者全选**。诸葛家族这个方法的最好结果就是全部命中，正如历史上所发生的；次一级的结果是遗漏了某个重要候选者，但是全局上仍然成功；最差的结果是无一命中。所以我们看到如何评判天下英雄，是这个策略的关键一环。

把以上想法运用到选股中来，也就是说，我们要把上市的总共近3 000只股票，相错形成几十个板块，通过一个策略筛选出5个以内难分上下的当红板块，然后针对这些板块进行分散投资。

我们试图通过如下当红板块的特点，归纳出上述策略。

1. 这些板块必然是人气板块。

2. 这些板块的价格趋势总体向上，并且阶段创造新高。

3. 相较于上证指数，这些股票一段时间整体上升幅度处于合理区间。

我们可以自由挑选各个软件的板块指数。

以公司规模分类，可分为中证100大盘股（可选）、中证300蓝筹股、中证500中小板块、创业板。

以行业分类，可分为中证环保、中证能源、中证消费、中证医药、中证金融、中证信息、中证新兴、中证TMT、中证体育、中证新能、中证国安、中证能源、中证军工、中证传媒、中证银行、中证酒、中证医疗、中证白酒、中证煤炭。

另外，从更大的时间跨度来看，以上板块其实还是有各自的特点。我们先来看看中证100、中证500和创业板的特点，如图1-4-16所示。

（a）中证100

图1-4-16　2010—2016年各指数走势

（c）创业板

图1-4-16 2010—2016年各指数走势（续）

资料来源：新浪财经。

我们以2015年6月左右的最高点来加以区分，分别取该点左右的最低点，得到如表1-4-1所示数据。

表1-4-1 各指数详情表

指数	左低	顶点	右低	上升幅度（%）	下降幅度（%）
中证100	1 897	4 807	2 655	2.53	1.81
中证500	2 704	11 616	5 240	4.30	2.22
创业板	585	4 037	1 779	6.90	2.27

我们可以看出，创业板的弹性是最大的。我们之前也解释过，从经济的发展来看，短期内股票市场依然会是分级呈现的。即使注册制推行，也会有数年的时间来改革整个结构。而在此时间段，创业板将会是创新企业最好的选择。从这个角度而言，创业板也是一个投资者更好的选择。

从行业相互的参照来看，我们同样可以找到哪些行业更加有利，而哪些行业相对无利。

以农业类股票为标准，将其他高潜企业与其比对，从发展的角度来考虑哪类股票更适合持有。其中下方曲线是假设买入沪深300指数一直持有的收益，而上方曲线是买入指定行业的收益，如图1-4-17所示。

（a）农业

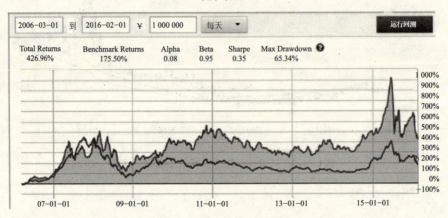

（b）娱乐

图1-4-17　2007—2015年不同行业与沪深300指数收益比较

（c）软件

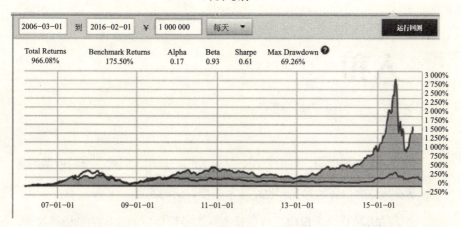

（d）医药

图1-4-17 2007—2015年不同行业与沪深300指数收益比较（续）

资料来源：https://www.joinquant.com.

当我们根据以上原则和范围挑选出合适的行业后，根据之前解释过的同质股票联动理论，我们只要从每个版块中挑选两只左右的股票就可以了。

3 人和

公司是由人构成的，好的公司必然是人和的公司。同时，交易股票的各位读者在人这个位置的挣扎，也是本节需要讨论的问题。

公司的人和称之为**得位**。得位是指所选股票背后的公司的确值得投资。我在之前也解释过，从今往后，中国股市的规律会变化，而这个变化最后是回归股市诞生的目的，所以本书更加关注的是那些真正可靠的公司。

我们前面已经讨论了得时和得位，根据这个准则，我们就可以把所有的公司分为如下几种类型，如图1-4-18所示。

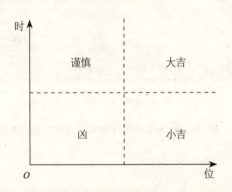

图1-4-18　公司时位图

这里面的顺序是：

[得时，得位] >［不得时，得位］>［得时，不得位］>［不得时，不得位］

之所以把得位放在得时之前，是因为**得时的股票不一定赚钱，但是得位**

的股票必定能够赚钱。

得时的股票，可能你进入的时候已经不得时了；或者说经历了一段时间的得时，我们没有从容离开，导致坐了过山车，没有获利，甚至导致本金受损。我想经历过牛市的很多股民都有类似得时不得利的体会。

得位的股票则不一样，一个公司如果初始市值是50亿元，发展之后，实际价值上升到100亿元，那么它的市值必须要超过100亿元，否则就存在套利的空间，即市场上以50亿元收购，再转手卖出。因此得位的公司市值必然会增加，虽然这个增加放到局部的时间上具有不确定性，但是从长期来看，只要公司发展正常，增值就是必然。这也是最符合股市目标的模式。

因此，从某种角度来讲，价值投资者更加追求得位的公司确有道理。但是我们前面也讲过一个观念，得时和得位是相互影响的，也就是说，当前得时的公司，可能会抓住机会得位；而当前得位的公司，因为错失时机导致不得时都是有可能发生的。我想这或许是价值投资最大的软肋。

所以对于普通投资者而言，**利用小资金的灵活性，在选择得位的公司上再辅以得时，就是一种非常好的策略**了。

有关好公司的筛选，在最后一部分价值投资的篇章里还会详细谈到。这里我们先谈谈对于普通投资者来讲，如何简单判断某个公司是否可靠。

这里也有一个假设，就是我们通常认为**好的公司会更好**，这个好至少是指当前公司仍然处于快速成长期，或者盈利稳定增长期。

如何判断公司是否是好公司，有如下几个方式可以参考：

1. 看公司季报、年报。

主要关注公司利润是否持续增长，并且是基于什么原因。是内因，比如公司提升效率、技术创新等等；还是外因，比如汇率、国家补助等。内因远比外因更能证明一家公司。

2. 各种权威榜单，比如福布斯中国潜力企业榜、胡润品牌榜等。

表1-4-2是2017年福布斯中国上市公司中潜力企业的名单。

表1-4-2　　　　　　　　2017年福布斯中国上市公司潜力榜

证券代码	证券简称	省份	城市	主营业务
002107.SZ	沃华医药	山东	潍坊	医药制造业
002175.SZ	东方网络	广西	桂林	互联网和相关服务
002196.SZ	方正电机	浙江	丽水	动力机械
002279.SZ	久其软件	北京	北京	行业专用软件
002364.SZ	中恒电气	浙江	杭州	变电设备
002370.SZ	亚太药业	浙江	绍兴	制剂
002389.SZ	南洋科技	浙江	台州	高分子聚合物
002395.SZ	双象股份	江苏	无锡	高分子聚合物
002414.SZ	高德红外	湖北	武汉	计算机、通信和其他电子设备制造业
002446.SZ	盛路通信	广东	佛山	通信终端设备

资料来源：http://www.forbeschina.com/review/list/002364.shtml.

3. 关注高潜力的行业，如娱乐、教育、互联网、医药等。

4. 关注垄断资源的老牌企业，这里垄断指的是资源垄断，或者市场格局已定的龙头公司。

关于投资者的人和，前面已经提到部分内容。在这里，可将这些零碎观念组织起来，形成一个可以遵循的理论。

这个理论其实源于一个现象，比如下棋，下棋的规则很简单，普通人很快就会学会，然后经过一些演练逐步走上正轨。但是对于业余爱好者而言，一段时间以后，棋技便基本稳步不前了；而专业棋手则不同，他们的棋技依然会逐渐提高，不断拉开和业余爱好者之间的距离。在《学习之道》①一书里面，曾经的世界国际象棋冠军研究了这个问题，他的回答可归纳如下：

1. 普通人学习的往往是套路。

2. 而专业棋手是在学习套路的基础上，把套路分解成若干最基本的动作，然后不断体会、深化这些最基本的动作，直到这些动作融入其本能。

3. 当遇到问题需要解决的时候，业余爱好者思考之后选择最匹配的套路。因为受制于所会的套路和对于这些套路的理解，我们最终选择解决问题的套路和标准答案会有各种偏差。但是专业棋手因为融化了最核心的东西，接触到了本质，所以他们是按照具体问题自然而然产生新的最适合的套路，也就是无招胜有招。

以上总结启发我们如何从业余爱好者变成专业投资者。

我的答案是，我们需要去界定关键的细节，比如以下问题：

1. 是否有除了股市之外的额外收入？

2. 进入股市之前是否做好了预算？

3. 是否已经有了投资的系统？

4. 是否拟订了投资计划？

5. 是否遵守投资系统，符合投资计划？

6. 当形势变化时是否有应变措施？

又比如如何研究股票？股票里面其实只有三个指标——时间、价格、成交量。我们往往看到的最终结果是三者的组成，但是做研究的时候，其实就要把它们区分开来。研究单个指标、两个指标，最后等到以上变化你都了如

---

① 乔希·维茨金. 学习之道. 苏鸿雁等，译. 北京：中国青年出版社，2011.

指掌了，自然过渡到三者的组成。

下面我们用开盘价这个单一指标来举个例子（不包含成交量和时间因素）。

我们知道开盘价是一天股市中在收盘之前唯一能确定的一个价格，那么**这个价格有什么帮助呢**？我们进一步细化这个问题，得到如下问题：

1. 当天开盘价比前一天开盘价高0.094以上，那么未来一天、三天、五天的累积涨幅是多少？

2. 当天开盘价比前一天开盘价高0.09~0.094，那么未来一天、三天、五天的累积涨幅是多少？

3. 当天开盘价比前一天开盘价高0.07~0.09，那么未来一天、三天、五天的累积涨幅是多少？

4. 当天开盘价比前一天开盘价高0.05~0.07，那么未来一天、三天、五天的累积涨幅是多少？

5. 当天开盘价比前一天开盘价高0.03~0.05，那么未来一天、三天、五天的累积涨幅是多少？

6. 当天开盘价比前一天开盘价高0.01~0.03，那么未来一天、三天、五天的累积涨幅是多少？

7. 当天开盘价比前一天开盘价高0~0.01，那么未来一天、三天、五天的累积涨幅是多少？

8. 当天开盘价比前一天开盘价低0.094以上，那么未来一天、三天、五天的累积涨幅是多少？

9. 当天开盘价比前一天开盘价低0.09~0.094，那么未来一天、三天、五天的累积涨幅是多少？

10. 当天开盘价比前一天开盘价低0.07~0.09，那么未来一天、三天、五天的累积涨幅是多少?

11. 当天开盘价比前一天开盘价低0.05~0.07,那么未来一天、三天、五天的累积涨幅是多少?

12. 当天开盘价比前一天开盘价低0.03~0.05,那么未来一天、三天、五天的累积涨幅是多少?

13. 当天开盘价比前一天开盘价低0.01~0.03,那么未来一天、三天、五天的累积涨幅是多少?

14. 当天开盘价比前一天开盘价低0~0.01,那么未来一天、三天、五天的累积涨幅是多少?

将上述问题对应于前一天最高价、前一天最低价、前一天收盘价、当天最高价、当天最低价、当天收盘价(假设我们取收盘前10分钟的价格估计当天最高价、当天最低价和当天收盘价),总共可得到将近100个问题。

如果我们再考虑一下当天最高价、当天最低价、当天收盘价,那么就有将近400个问题了,这最基本的400个问题研究清楚了,很多疑问就自然清楚了。比如你会知道:

1. 如果开盘之后快速涨停,那么后续上涨的概率就会很高;反之,如果开盘后上涨了7%~9%,但是没有封顶,那么次日下跌的概率比较大。

2. 当天的价格最多影响三日,到第五日已经没有影响了。

3. 如果开盘小幅向上跳空,第二日上涨概率则大;反之,向下跳空,则第二日下跌概率大等等。

单一价格上的400个问题、成交量问题、时间相关问题、两两之间的问题和三者之间的问题,就如同围棋的死活题,或者高考的题库,不去经历这些磨炼,始终只能停于套路,不得正果。

我相信人生有很多时间，花几百小时在这里，先慢后快，最终才能有所收获。

类似的问题还有很多，这里不一一罗列了。只有对这些问题进行逐个研究，并且形成一种条件反射，当我们遇到不合理状态出现的时候，我们就能瞬间捕捉到漏洞，获取盈利。

九阳卷

对于如何开始本篇，苦思许久，笔者最终决定以本人入市后的转变作为开场白，这是一段从"股神"到"股渣"，再回归到普通人的投资史。

笔者在2007年牛市的尾端成为1亿中国A股股民中的一员，在入市后经历了"无限的疯狂"，市场一片向好，所有消息都预示着A股将继续它的神奇，可能在不久的将来，上证A股将步入5位数时代（指数突破10 000点）。我在入市后也一度以为自己就是那个入市买啥啥涨的"股神"，但市场就是如此，"天欲其亡，必令其狂"，在做着"股神"梦的时候，席卷全球的金融危机就在一片繁荣中来到。在笔者还在从新闻中关注美林证券、雷曼兄弟、贝尔斯登这些华尔街巨头纷纷倒塌的同时，A股历史上最惨烈的熊市就这样悄然临近。当时大多数人（包括笔者自己）都无法想象6 124点成为未来近十年，甚至更长时间不可触及的高点。

6 124点至1 664点，市值缩水72%。仅历时一年，初入股市的笔者就这样不知所措，看着之前赚取的盈利被逐渐蚕食，本金也开始缩水，10%、20%，……，腰斩，……，最后在1 664点来到时，投入股市的资金只剩下40%，笔者在那时甚至想就这样退出股市，不再相信童话里的股市了。紧接着，笔者记忆中的第一次"救市"发生了，国家4万亿元经济刺激计划孕育而生，伴随着水泥、基建板块的疯狂上涨，各大板块开始了量价齐升，原来大幅损失的市值也逐步被挽回。在此期间，笔者接触了各类投资书籍，最具代表性的有《股市晴雨表》《江恩股市定律》《艾略特波浪理论》《股市趋势技术分析》《日本蜡烛图技术》《道氏理论》《从外行到内行》《看盘细节》。从中学会了很多技术分析方法，也逐渐将其运用到股市操作的实践中，在

1 664点至3 478点的这波反弹中，技术分析起到了非常重要的作用，"仙人指路""黎明之星"等K线组合被一次次验证。[1]但是这个短暂而快速的上涨，在2010年楼市限购政策以及股指期货[2]推出的影响下，转入了四年多的"熊市"。[3]就是在这个相对平淡的四年多中，笔者逐步完成了投资风格的转变，开始更多地关注股票背后的公司，关注它的产业，关注它的发展，从中发现笔者认为的投资价值和持股理由。而投入股市的资本，也在经历了一年多的稳定期后，开始回本、盈利，在疯狂的2015年来到之前，资金已达到了原始资本的四倍。

而接下来呢，也许大家希望看到的是一个在疯狂牛市中不迷失自我的笔者，准确判断大盘趋势和拐点的"股神""大V"，但事实是，2014年下半年开始至今的牛—熊市，是笔者目前股票投资生涯中经历的第一个完整的牛—熊市，许多的坚持和纪律在这疯狂的一年中变得如此脆弱，如此不堪一击。面对快速的利润增长，缺乏危机意识；在突如其来的"断崖式"暴跌，"千股跌停"和"熔断总动员"中变得烦躁。聚焦股票本身价值的焦点开始模糊、偏离。也许是一份幸运，也许是在选股时仍保留的那一份"价值投资"的坚持，在经历了这个牛熊的轮回，资金仍然保持在2015年年初的水平以上，牛市中的账面利润成为这次轮回的学费。

投资生涯中第一个完整的牛熊轮回就这样跌宕起伏，又在不经意中过去。这一年多的投资并不成功，但是远离了疯狂和沮丧，在平静中回顾所有

---

① 在笔者看来，牛市中技术指标的准确性更为突出。
② 在笔者看来，中国A股历史上最不公平的产物就这样产生了，其在现货市场（也就是A股市场）为T+1制，而在所关联的期货市场居然是T+0制；同时，它的准入门槛也加剧了这种不公平性，使得大资金能够在引发市场向某一方向运动时，获得更多不平等的利润。
③ 不过在笔者看来，这四年更像是一个股市中常态的震荡市，虽然这四年内股指高点不断降低。新推出的创业板也在短暂的疯狂后，跌至585点，为推出时的六成不到，但是这四年是价值回归、投资价值涌现的四年。期间有"妖股"出现，但是并不疯狂；有连续下跌，但并不恐惧。相较于2014—2015年的行情而言，简直判若云泥。

的经历，笔者感受到了自己的成长。如果说"投资"也是一份"工作"，那么除了那些"天才"（传说中的"股神"）外，每一个投资者都需要不断地积累和体验，经历得越多，在遇到未来"工作"中的突发事件时才能处事不慌，有据可循。因此，作为一位并不资深但也并非"职场（股市投资）菜鸟"的投资者，笔者本人希望能够与有机会关注此书的投资者分享自身的投资理念和观点。无论赞同还是反对，只是希望这一声音能够给你以参考或借鉴，在这个"投机"大于"投资"的市场中，寻得一些共鸣。

最后，在开始正文之前，先提出一个问题：我们为什么投资？相信对于这一问题，大多数人的回答基本一致，即通过投资实现财富的增加。但是我们是否思考过，投资本身并不会给社会带来价值的增加，能够给这份投资带来增值的唯一原因，就是所投资标的本身的价值增加。就我们投资的A股而言，就是我们所买股票所对应公司的财富增长，给投资者带来相应的投资回报。那么是否可以说，我们通过投资实现财富增加的重要前提就是选择一家能够盈利的企业，根据其盈利的持续性来决定持有该企业股票的时间长短？当然，如果盈利能力一般的公司，其股价被严重低估，也同样存在投资价值，但其投资周期将不会特别长；反之，盈利能力突出的企业，但是其股价被高估，那么在其股价未回归价值前，其投资价值也是极低的。也正是这个依据，构成了笔者最核心的投资理念。即通过影响因素及个人判别，找到潜在的投资标的，再由财务表现并结合主观分析，确定标的的投资价值，并根据标的财务数据及市场预期的变化，制定或修改相应的投资策略，决定买卖点的时机。

第一部分

价 值

在具体讨论价值投资之前，必须确定这个命题的前提条件是否成立：中国A股市场是否存在投资价值？

那我们来做一个简单的数据比较，假如在A股诞生的第一天起就有一只指数基金，而在第一天我们就选择买入，持有至今，那么中国上证A股开市的起始指数为100点（1990年12月19日），至2015年底为3 539点，其产生的收益为34.39倍。

那让我们来看一下中国人民银行在1990年至2015年底所发布的存款利率，如表2-1-1所示。

表2-1-1　　　　　　　　1990—2015年人民币存款基准利率

日期	活期存款利率（％）	1年期定期存款利率（％）	5年期定期存款利率*（％）
1990.04.15	2.88	10.08	13.68
1990.08.21	2.16	8.64	11.52
1991.04.21	1.80	7.56	9.00
1993.05.15	2.16	9.18	12.06
1993.07.11	3.15	10.98	13.86
1996.05.01	2.97	9.18	12.06
1996.08.23	1.98	7.47	9.00
1997.10.23	1.71	5.67	6.66
1998.03.25	1.71	5.22	6.66
1998.07.01	1.44	4.77	5.22
1998.12.07	1.44	3.78	4.50
1999.06.10	0.99	2.25	2.88
2002.02.21	0.72	1.98	2.79
2004.10.29	0.72	2.25	3.60

续前表

日期	活期存款利率（%）	1年期定期存款利率（%）	5年期定期存款利率*（%）
2006.08.19	0.72	2.52	4.14
2007.03.18	0.72	2.79	4.41
2007.05.19	0.72	3.06	4.95
2007.07.21	0.81	3.33	5.22
2007.08.22	0.81	3.60	5.49
2007.09.15	0.81	3.87	5.76
2007.12.21	0.72	4.14	5.85
2008.10.09	0.72	3.87	5.58
2008.10.30	0.72	3.60	5.13
2008.11.27	0.36	2.52	3.87
2008.12.23	0.36	2.25	3.60
2010.10.19	0.36	2.50	4.20
2010.12.26	0.36	2.75	4.55
2011.02.09	0.40	3.00	5.00
2011.04.06	0.50	3.25	5.25
2011.07.07	0.50	3.50	5.50
2012.06.08	0.50	3.25	5.25
2012.07.06	0.50	3.00	5.00
2014.11.22	0.35	2.75	4.00
2015.03.11	0.35	2.50	3.75
2015.05.11	0.35	2.25	3.50
2015.06.28	0.35	2.00	3.25
2015.08.26	0.35	1.75	3.00
2015.10.24	0.35	1.50	2.75

* 自2014年11月22日起，中国人民银行不再公布金融机构人民币5年期定期存款基准利率，故之后5年期基准利率，以3年期利率数据作为参考。

资料来源：中国人民银行，http://www.pbc.gov.cn/zhengcehuobisi/125207/125213/125440/125838/125888/2968982/index.html.

做一个简单的换算，若不考虑各个利率的持续时间，仅以算术平均进行计算，自1990年至2015年的平均活期存款利率、1年期定期存款利率及5年期定期存款利率分别为1.01%、4.17%、5.86%，那么这25年产生的收益率依次为29%、177%、315%，可以明显看出，其收益率远远低于上证A股34.39倍的收益率。

若我们再考虑一下通胀率，如表2-1-2所示。

表2-1-2　　　　　　　　　　　中国1990—2015年通胀率

年份	通胀率（%）	年份	通胀率（%）
1990	3.10	2003	1.20
1991	3.40	2004	3.90
1992	6.40	2005	1.80
1993	14.70	2006	1.50
1994	24.10	2007	4.80
1995	17.10	2008	5.90
1996	8.30	2009	−0.70
1997	2.80	2010	3.30
1998	−0.80	2011	5.40
1999	−1.40	2012	2.60
2000	0.40	2013	2.60
2001	0.70	2014	1.50
2002	−0.80	2015	1.40

资料来源：中华人民共和国国家统计局，http://data.stats.gov.cn/easyquery.htm?cn=C01&zb=A0901&sj=2015.

中国1990—2015年的平均通胀率为4.35%，即使与之前的利率相加，分别为5.36%、8.52%、10.21%，那么25年产生的收益率分别为269%、672%、1036%，同样远低于上证A股的同期收益率。

通过上述的简单比较，我们不难发现，上证A股的同期收益率远大于同期的银行存款收益率，如果认为把钱存入银行算是一种投资，那么中国A股市场的投资价值远大于"存银行"。

相对于指数而言，如果能够选到具有投资价值的个股，其收益率则更为突出！例如，中国A股历史上最为成功的几只股票，万科A、贵州茅台和苏宁云商。让我们来看一下它们各自从上市至2015年年底的整体表现，如表2-1-3所示。

表2-1-3　　　　　　　　　前复权价格变化表

个股	上市当日收盘价（元）	2015年12月31日收盘价（元）	收益率（倍）
万科A	11.40	1 891.67	164.94
贵州茅台	35.50	1 741.33	48.05
苏宁云商*	32.70	952.37	28.12

* 其中苏宁云商的上市时间更短，自2004年起。
资料来源：同花顺。

若是以发行价计算，相关各股收益率差异更是巨大，万科是以1元发行的，收益率能够达到1 228倍。除此之外，格力电器、伊利股份、国电电力等，若长期持有也具有十分可观的收益率。甚至在创业板中（2010年6月开板至今），也有同花顺、银之杰此类收益率数十倍的股票。但是相较于之前所述的相对传统的行业，因其受到互联网的影响，估值更高，其相对的隐性投资价值更为突出。

总而言之，无论从上证A股指数[①]，还是从个股来看，中国A股市场其实是存在价值投资的事实基础的。只是需要更多的耐心和判断力。

[①] 甚至创业板指数自2010年至2016年也上涨了2倍。

第二部分

方 向

前面章节通过讨论指数和个股，似乎都充分显示，A股市场存在价值投资的机会，但是这些能够罗列的例子又都是过去时了，我们更希望通过历史经验和数据为未来的投资提供更多的借鉴和指引。

笔者认为，只要有一定的经济关注度、对科技动态的兴趣度，加上对于生活环境变化的观察，便可以对未来较长时间的社会发展及进步趋势有所掌握。就好像我们更容易判断四季的变化，而更难预测明天的晴雨、温度情况。而价值投资本身，更像是关注气候、季节的变化，而通过一定的积累和判断，是完全能够达到较为精确的预测的。而对于短期股票价格的关注则更像是天气预报，即使应用了大量科技条件和历史样本，但其准确率依旧可能由于各种影响因子在短期的作用而无法准确掌握及判别。

在这里，笔者主要希望通过个人对于价值投资的理解和判断，和所有关注此文的读者进行分享和探讨。但是无论对于未来的预测有多么的自信以及有理有据，预测本身就是一种对于未知的探索，未知之所以称之为"未知"，也正是其存在的不确定性。与此同时，笔者认为正是投资的这份不确定性，让其更有魔力，吸引着更多的投资者置身于这片未知的海域，展现自我的才智和勇气，争取获得财富的硕果。

在这一章节中，笔者希望从宏观和微观两个不同的方面来分享本人对于价值投资的理解，以及对于投资方向的选择。其中宏观部分更多的是从投资方向、行业价值来发现未来更有价值的领域。而微观部分则是在这些宏观分析的基础上，通过不同的信息、资源来选择自我认为更具投资价值的标的。

因此说，宏观领域的信息给予我们投资方向；而微观分析则更注重在投资方向上选择更适合自身风格，并认为更具投资价值的标的。

当然，即使都是坚信价值投资的投资者，运用同样的价值投资选择方式，但由于其知识、社会、工作以及家庭背景的不同，最终选择的方向可能会大相径庭。但是，作为一名价值投资者，笔者认为在选择标的（仅指股票）时应该符合如下标准中至少一条：

（1）所选择的标的符合社会的发展方向和规律，其核心价值（技术）或关键指标处于行业领先水平；

（2）所选标的在某一市场的估值与其他市场存在着明显的套利区间。

在笔者看来，选择投资标的，更像是寻找一个符合你心理预期的"借款人"，那么试问一下，当你决定借钱给某人时，是否会考量这位"借款人"的综合能力？比如某人工作不错，仅仅因为最近缺钱——这就好比某一家企业，具有稳定的盈利能力，但是希望开拓更具潜力的市场，可惜现金流不够，但是因为项目本身具有一定风险性，这时它选择了上市或者增发这类融资成本更低的方式，那么这类企业不妨成为我们可以考虑投资的对象。或者这位"借款人"有一定的资产，有着足够的偿付能力——这就好比某家企业拥有一定的社会稀缺或必要资源，但是更愿意持有此类资源，或者这类资源变现能力较差，需要通过上市补充一定的现金流，或投资其他市场，或进行研发，那么这类"借款人"也同样可以作为我们投资的参考目标。当然，需要注意的是，这类资源一定要是有效资源，而非有价无市的资产，比如一位"借款人"向你借款200万元，向你出示了一份房产证，如果该房产在北上广的房产中介处标价250万元，那么你可以较为放心地借款。但如果该借款人向你出示的房产证是在央视新闻都播出过的"鬼城"中，当这位"借款人"出示了房产证，说小区环境幽静、停车方便（人少当然就幽静了，没人当然随你怎么停啦）、独幢别墅，价值300多万元！那么这时请你一定要捂住自己的口袋，这位"借款人"只要把钱花了，就无法归还了。但在你借出钱的同时，你也同样要做好这位"借款人"可能还不出，甚至要通过法律途径追回部分本金的打算——这就要求每位投资者在进行投资之前必须做好损失的准备，同时这个所谓的法律就是我们投资时需要遵守的纪律，当该只股票的某些主要指标发生了巨大的反向变化，或者严重偏离时，我们必须进行有效的止损止盈。

总而言之，股市最大的作用之一就是为上市公司进行融资，降低其融资成本。无论这家上市公司在招股说明书中说得多么天花乱坠，无论其盈利多么出色，一旦其上市了，说明它出于某种原因需要钱，可能是需要补充现金流，可能是大股东需要进行高估值的套现，总之就是需要钱。那么就需要我们这些投资者仔仔细细地挑选，当企业需要钱，而我们提供"借款"时，它能拿什么作为风险回报，而且这种融资是远超其现有价值的，因此稳定的盈利能力或者较高的市场占有率或者行业领先的技术水平就成为其融资的筹码。

接下来我们具体谈一谈价值投资的宏观及微观选择。

1 宏观

这里所提及的宏观，更为关心趋势及发展方向，希望通过笔者自身的知识储备及对于相关政策、行业的认识，与读者分享对长期趋势、短期趋势的理解。

趋势

乍一看，这个标题似乎有点大，那么对于价值投资而言，我们是否能通过人类历史的发展经验得到启示？笔者认为答案是肯定的。

根据历史材料以及我们所知，推动人类文明进步的最为重要的三项技术为材料、能源与通信。这些技术的革新推动了整个人类的进步以及时代霸主的诞生。

人类属于地球上较为年轻的物种，但就是这个年轻的物种，在数百万年的进化与发展中，站在了地球食物链的顶端。

材料与能源

从原始人类进化开始，人类逐步在与其他物种进化的竞争队伍中脱颖而出，其最重要的标志就是对工具及火的使用。而正是对材料与能源的利用及改造，促使了人类的巨大进步。

工具的使用，使得人类解放了双手；学会了对工具的改造，则能够捕食比人类更为强壮的动物；而对火的使用，不仅延长了人类的寿命，同时为人类提供了更好的帮助，且大大扩展了人类可生存的区域。人类不再需要通过自身生理的进化来适应这个世界，毕竟进化是一个极为缓慢的过程。而人类通过科技完成了自我进化。

也正是对于材料与能源的利用，人类时代又被划分为石器时代、青铜时代、铁器时代、蒸汽时代、电气时代、原子时代①以及信息时代②。从这些时代的名称就可以看出，人类社会就是伴随着材料、能源及通信的进步而发展。

石器时代的尾声，诞生了四大古文明——古希腊文明、古巴比伦文明、古印度文明及中华文明。同时这些文明都在鼎盛时期进入了青铜时代，或者说正是对于青铜器制造工艺的掌握，将这些古文明推向了鼎盛，同时也正是青铜时代的到来，推动了建筑、工具（包括武器）、航海等领域的发展，从而进一步推进了人类的发展。

而铁器时代的到来，在中国造就了大秦帝国统一六国。虽然其中还有更为复杂的政治因素，但是秦国更早地开始进行铁器的制造，促使其在农业、军事方面有了长足的进步。③

之后几个近代文明，则是以能源作为文明的标志。曾经的"日不落帝国"——大英帝国开创了蒸汽时代的先河，也成为那个时代无可争议的霸主；电气时代则成就了整个西方世界的称霸全球。

通信

而最近的信息时代，不仅成就了美国，同样产生了真正意义上的全球化。曾经的烽火连天、千里单骑都成为电影桥段；《货币战争》中罗斯柴尔

---

① 其实对于核能的利用还十分有限，这个时代的称谓并不恰当。
② 更准确地说，最近的一个时代为通信时代。
③ 农器和武器更为廉价，磨损率更低。

德家族利用通信的时间差，提前知晓英法战争的结局，从而在债券市场上获得家族第一桶金也在如今成为过眼云烟。基于信息通信、信息交互技术的发展，人类正在为步入未来可能的太空时代或纳米时代或其他时代做着准备。

说了这么多历史和人类的发展，到底对于价值投资有哪些重大的意义？**人类的发展就是不断提高生产效率的过程，而发明强度更高、质量更轻的材料，使用更普遍、转化率更高的能源，研发动力更强劲的动力系统，传播更快、范围更广的信息通信是人类发展的主旋律**。因此从人类发展的最高层面来看，我们最核心选取的行业应该就是在这三大领域能有重大发展的企业。

回顾我们正置身其中的信息时代，基于材料、能源、通信发展起来的著名企业有哪些？微软、英特尔、波音、IBM、苹果、脸书（facebook）、亚马逊、特斯拉、3M，以及国内的阿里巴巴、华为等。

甚至在2014年—2015年牛市中被大幅炒作的板块也是互联网、计算机技术、通信、新能源、新材料等相关的行业。

因此，这三个方向是目前来看人类发展无法改变的趋势，如果能在这三个领域中发现有一定技术革新或者居于世界前列水平的公司，应该作为价值投资首要关注的领域。

例如比亚迪，以锂电池研发、制造作为核心，逐步进入新能源汽车的领域。新能源汽车（电动力车辆）具有高效、高动力、环保等一系列显著的优点。比亚迪成为最早进入该领域的国内企业之一，同时依托其电池技术的优势，也是最早完成混合动力新能源车的企业之一。从这一点来看，其符合时代发展的趋势，值得投资关注。但是特斯拉作为全球新能源汽车的标志性企业，是目前世界上真正意义上仅生产纯电动汽车的企业。相较于特斯拉，比亚迪还有着非常明显的差距，比如目前比亚迪推出的车辆均属于油电混合车辆，在能源利用上也存在明显的偏向性①，在电池的续航能力、充电效率及电池寿命等方面需要有重大的突破，因此该企业被笔者归纳为投资关注标的。但是就投资本身而言，其需要具有前瞻性及提前性，笔者认为可以通过关注该企业财务支出中的研发投入情况、上下游产业收购情况，并结合实际产品推出的动态及市场口碑，来决定对其进行长期价值投资的依据。特斯拉是行业的标杆，同时也是未来汽车行业的发展方向之一，因此国内需要，也肯定会有这样的企业出现，但是谁会成为这个国内的第一？若有这类企业能成为国内上市企业之一，就应该成为我们重点价值投资的标的之一。

从未来来看，核心技术的革新会将我们带入何种时代，还是未知，可能是机器人时代、纳米时代、太空时代、虚拟现实时代。但是这些最为前沿的科技发展将成为跨时代的标志，会引领一系列产业的革新与发展。当某一技术有了明显突破，与其相关的领域则可能会成为未来较长时间（十几年或几十年）的投资热点。

人类的历史就是一部不断提高生产效率的历史，每一次重大的提高都源于与材料、能源、通信相关技术的重大突破。而每一项技术的突破也促使了其他核心技术的进步，并可能成为下一个时代的突破因素。基于人口数量的增大、信息交互的加快，以及更为频繁、高效的智慧的碰撞，人类科技进入了有史以来的井喷期。在基础理论充裕的情况下，曾经天方夜谭的科技都出现在了我们身边，如纯电力汽车、工业及家用机器人、全球互联网通信等，那么现在我们看来"不可能"的事物也可能在不久的将来成为现实，如智能化自主学习型（成长型）机器人、全自动的无人驾驶技术、全息影像的虚拟现实技术、量子计算机（或生物计算机）、远距离无线电力传输技术等等。

---

① 对于绝大多数车主而言，油的使用远大于电。

我们可以通过所见、所闻、所知，观察着、参与着各种技术的变化，把握人类发展的"脉动"，将信息变为投资判断的依据。

行业

人类历史的发展是一个循序渐进的过程，无论科技如何日新月异，其依旧需要一定的时间周期实现发展。就好比我们购买了一台当下最主流配置的电脑，其性能不可能在非常短的时间内被替换，可能在3~5年后会需要更新换代，可能也只是在处理速度方面得到了较大提升，其关键核心技术只是逐步的改变。更何况在推动人类发展进程的核心技术方面，则更需要逐步前进，因此若以人类发展历史的技术方向作为价值投资最为长远、最为平稳的方向，一旦这些领域或相关企业有了一定的突破或革新，则将带来持续稳定的投资回报。因此，针对材料、能源、通信领域相关动向的关注和研究值得我们长期投入。

那么是否应当在某些更低维度，或者说在更为细化的行业内寻找相应的价值投资标的？答案是肯定的。那么应该如何去选择？选择的标准又是什么？对于这一点，我相信任何一位价值投资者，甚至技术投资者都无法给出一个绝对准确的答案。因为投资本身就具有风险性，如果用一个"公式"就能够消除风险，那么这就不再是投资。当"用钱生钱"成为板上钉钉的"事实"，那么其本身也就失去了挣钱的可能，因为真正产生价值的终究是人类的创造力及劳动。因此，如何选择值得投资的行业，每一位投资者可能都会有自己的判断，而这种判断是基于自身所从事的工作、所处的社会环境、所见所闻以及对于事物的认知能力。

那么下面，笔者将与各位读者分享一下本人的行业选择心得，希望能够为坚信价值投资的读者提供一些借鉴。

党的十九大报告提出，"中国特色社会主义进入新时代，我国社会主要矛盾已经转化为人民日益增长的美好生活需要和不平衡不充分的发展之间的矛盾。"那么这句话与A股的价值投资有什么关联呢？

笔者认为，该句话所阐述的内容不仅在现在，而且在将来一段较长的时间内都将是正确的，同时其在世界其他大多数发展程度达到一定水准的国家都适用。那么在认可了这句话的正确性后，又能够从中发现什么有效的信息呢？笔者认为可以从中获取如下信息，而且这些信息也是笔者所坚持的行业判断的主要依据。

首先，这句话显示了社会主要的矛盾点，也就是中国社会需要不断发展及进步的方向，因此所选择的行业必须是不断提高自身生产力，也就是提高生产效率或者服务水平（包括文化产业）的。即行业发展中，需要不断创新并保持均衡发展，提供符合社会需求及潜在需求的服务。

其次，为缓解这一主要矛盾，主要的发展要与人民相关。直白地说，也就是和老百姓相关，符合老百姓"衣食住行"的物质需求，外加在物质水平提高后所追求的精神需求。

最后，这句话提及了"不平衡不充分"，而"不平衡不充分"既是静态的，同样也是动态的。简单地说，就是现阶段还无法满足人们的需求，当生产发展提高了，更符合人民追求更好生活的标准时，并且人们之前的需求被满足了之后，随着时间和社会发展的推进，这种满足也将会转变为新的不平衡不充分。例如，在A股起始的年代，万元户代表了社会的中产阶级，当时的电视节目极其贫乏，周二下午还停机检修。当时，人们的愿望是能够成为万元户，有台大一些的彩电，而汽车更是富有的标志。经过20多年以来科技、生产力的发展，曾经的梦想已经全部实现，私家车辆成为很多人的生活必需品，月入数万也不是遥不可及的目标，但是我们的需求呢？24小时的电视节目无法满足我们对这个有声世界的期许，网络剧、真人秀、舞台剧、音乐会，这些在20多年前遥不可及的娱乐活动已经成为现代都市人的普通消费品；原来三代同堂的石库门，更无法诠释我们对于住宅的定义，大平层、叠拼、联排、独栋别墅可能才是我们现阶段期望的住宅。那么再过20年呢？这一切仍将继续，我们的需求会随着社会发展的提高而不断提升，曾经认为标杆性的技术也终究会成为落后的标志。

　　上述内容是笔者在价值投资中进行行业判断的主要理论依据。基于此，并结合笔者自身的认知和理念，接下来将展开更为详细的描述。

　　作为非机构的普通投资者，我们无法做到如机构投资者一样，组建一个团队，深入了解某一个行业，对其进行全面的解析，这需要花费的财力及时间成本过于庞大。因此笔者认为，一般的普通投资者可以依据自己的实际情况，并充分利用自身资源所传达的信息，进而选择所投资的行业。

　　那些价值投资成功率高的企业一般都是生产大众消费品的企业，比如巴菲特最为成功的几个投资标的（其公司至今仍旧持有大量股份）有可口可乐、沃尔玛以及吉利（Gillette）。甚至之前本书中提及的企业，大多数，甚至可以说所有企业都与普通人的生活相关，即使像波音这样的企业，其直接客户并非主要是个人，但是其产品最终的主要消费群体依旧是普通人。因为笔者也坚信，人们普遍接受及认可的产品（包括文化产业）才是好的产品，而这些产品的生产企业或上游企业就是值得我们关注及投资的标的。

　　同时，企业需要具有创新性，在这里，笔者希望以自身的认识阐述对于

"创新性"的理解。笔者认为"创新性"不仅仅是我们普遍认为的重大发明、重大革新，就如本章开头所述，任何技术或表现形式的进步都是循序渐进的过程，无法一簇而就，因此在评判"创新性"的时候，除了不断提高生产效率，提高核心技术外，更为人性化的改变也是"创新性"的重要外在表现。比如，大多数读者应该都喝过数年前和现在的听装可口可乐吧？不知大家是否注意过其开口处的变化，原先的开口打开后与罐体本身便分开了，成了垃圾，当我们在外时需要先找一个垃圾桶进行丢弃；而且用吸管时，吸管会因浮力而浮起，甚至掉落。而有心的读者是否已发现，现在的开口已经与罐体连为一体[1]？这种设计省去了我们多一次寻找垃圾桶的烦恼，同时它的开口设计可以固定吸管，防止其浮起或掉落。这就是"创新"，即使味道还是之前我们熟悉且喜欢的味道，但是某些细小方面人性化的变化和设计就会给予我们很多不同的认识。基于这一点，若是作为可口可乐的投资者和潜在投资者，当该企业的财务状况未发生变化，而你又在进行投资决策时，这些方面都是为企业和投资决策加分的点，说明这家企业正在用心经营，并坚持做得更好！

可能说得有点远了，让我们回到原先的话题。那么我们可以利用哪些身边的资源选择合适的行业呢？

利用你的工作背景或者身边朋友的工作背景

如果并非职业投资者，一般而言我们每个人都会有一份与投资并不那么相近的职业，而这份职业所处的行业不就是一个非常好的行业信息平台吗？你比这个行业之外的投资者更了解该行业，获得行业政策及数据的时效性及全面性更是优于其他投资者。比如，笔者的一位朋友是电力行业的员工，相

---

① 据悉如今易拉罐开口的设计是可口可乐率先发明并申请的专利。

对我们而言，其对于电力改革及各种资源电厂（火电、水电及其他电力）的上网电价等信息有着更为迅速和深刻的认识。随着电力改革的不断推进，水电上网电价的优惠远大于火电，因这位朋友有机会了解水力发电的基本运营模式，且发现其运营成本远低于火电，因此，他十分看好水力发电的前景。结合其投资风格，朋友在2013年选择买入了"黔源电力"，之后该股保持着较好的上涨趋势，截至今日仍旧持有。虽然也经历了跌宕起伏，但是行业的优质性依旧让他在该股上的收益保持在四倍以上。

这个例子不就是一个非常典型的利用自己所处行业资源和信息优势，进行成功价值投资的范例吗？而你身边的朋友和家人也从事着不同行业，他们对于自己行业的了解、认识以及信息资源的获取应该更优于你，如果其中也有喜欢投资，热衷于交流的人，不妨在聚会、闲聊之际，也可以分享一下彼此行业的信息以及投资心得。相信获取的某些资讯的价值远高于行业研究报告。

从生活中发现投资价值

之前所述具有一定的偶然性，毕竟你所处的行业，或者你身边朋友、家人所从事的职业均是一个随机变量。而相关行业的发展具有时代性以及向上的趋势性，能否具有有利的投资价值，均存在运气的成分。但是除了工作之外，正如笔者之前所述，那些生产符合广大人民需求，且名列行业龙头地位的企业成为具有价值投资目标的可能性极大。因此通过生活中的体验，最能直观地体验相关产品[①]的品质、使用感受、人性化、周边人群的使用情况等，以此来判断相关企业的价值性；再参考相关的财务指标，可进一步验证其投资价值性。

---

① 包括文化娱乐产品，其对于视觉、听觉及精神层面的感受同样可以作为判断的依据。

通过我们的生活，可以接触衣、食、住、行以及娱乐等各个方面的产品，而做一个有心人，多观察，甚至更多地去体验一下产品带来的直接感受，或者听一听周边人的看法，也许会给投资者带来不一样的信息反馈。

通过生活发现投资行业的相关价值，主要是由自身及周边环境中相关产品需求的变化决定的。股票的价格波动是供需关系的表现，而相应行业的产品需求变化也决定着行业发展的变化，从而直接影响该行业中各股的表现。

例如，在生活中我们可以根据周边的肉、菜价格是否发生变动，加之关注人民币本身的汇率变化以及是否发现重大自然灾害，来判断农业、养殖业是否显现投资价值。再如，目前中国老龄化情况逐步显现，可能最直接的是关注养老行业，但是除此之外，平均年龄的上移，同样意味着步入中老年的人口数量增加。而中老年人最易患心脑血管疾病，而且心脑血管疾病也是全球每年剥夺人们生命最多的疾病，那么在这种情况下，相关领域的医药行业便值得关注。同时在世界四大医药体系[①]中，中药是中国相对最有优势且具有群众基础的医药学科，那么如何利用中药体系与现代医学技术的结合，发展出适合时代发展且有效的医药产品及诊疗方式，值得我们关注。[②]除此之外，还可根据许多特征发现确实值得投资的行业，一旦这类行业在某方面有了一定的突破，就会出现非常迅猛的发展。比如，中国需要自己的国民品牌，特别是能够在国内某些消费者群体中与耐克、阿迪达斯相抗衡的运动品牌。例如，李宁就是非常突出的例子，该品牌在某些领域具有一定的核心技术，如作为中国羽毛球国家队赞助商，李宁的产品也与中国国家队一同赢得

①　西药、中药、藏药及印度医药体系。
②　中国科学家屠呦呦获得诺贝尔医学奖就可以给予我们许多启示。

了多个世界重要奖项，从而带动了其他产品的整体形象。再如由于二孩政策的实施，更多人关注的是教育领域，与此同时产生的一个问题是人口的增加，而对于人而言，最大的问题就是"食"，虽然目前的物质条件极其丰富，农业产品产量连续多年增长，但它们是否能够继续跟上人口增长的幅度？地球极端气候的多发，种业、农药等核心技术的停滞都给农业发展带来了阻碍，那么对于农业，以及那些一旦核心技术突破就能有重大发展的行业及企业也值得关注。因此，我们在缺乏明确的投资方向时，就需要停下脚步，更多地关注一下我们自己的生活，将会给我们带来不一样的启示。

笔者向各位分享一下自身的两个例子，来看一下生活本身是否能够给我们提供更多的投资启示。以个股为例，可以更为直观地体现如何从生活中发现投资价值，而具体的A股投资操作也同样需要落实到个股。

2013年9月，海澜之家完成了借壳上市，成为上市公司之一，而当时海澜之家的广告力度又是空前强大，"男人的衣柜"这句广告词的出现频率已经不亚于恒源祥以及脑白金了。正是受到广告的冲击，加之笔者居住小区的附近正好有一家海澜之家，所以在其上市之前笔者购买过数件海澜之家的服饰。个人的穿着体验是：设计款式尚可、质量总体不错、性价比较高、门店服务质量不错。因此在其上市后，笔者将其与当时同属相关板块的其他股票，如雅戈尔、美尔雅、浪莎股份、红豆股份、鄂尔多斯以及开开实业等，从自身体验、直观的品牌接受度以及基本财务指标上做了比较。海澜之家在借壳之后，连续涨停，加上放量涨停之后股价创出了历史新高，之后开始回落，回落比例近20%。当时大盘处于2010—2014年熊市[①]的中后期，大盘成交量较低，市场热点并不突出，因此笔者认为此时的新高并未真正体现

① 笔者更认为是2008—2014年的熊市。

股票未来价值，同时市场炒作热情并不高涨，所以认为在股价回落并相对稳定时，投资价值显现，因此选择买入海澜之家。而该股票未来的走势确实不错，虽然并非之后牛市的主力上涨股票，但因为人民币贬值对服装行业的利好预期，其涨幅还是比较可观的。

而接下来的案例是笔者目前投资生涯中最为后悔未能进行投资的实例。作为一名80后，我们对于互联网产品的接受度远高于我们的父辈，加之笔者接触股票的时间并不算太晚，因此很早就开始使用手机版的股票软件。笔者最早使用的是大智慧软件，因为它延续了笔者在电脑上使用的软件，但是使用之后发现其操作并不人性化，版面设计也相对生硬，所以之后选择性地开始使用同花顺。当时在2011年前后，同花顺上市并没有多久，而且创业板开始了从1 200多的高点下滑的过程。在使用过同花顺后，笔者发现其操作及界面优于大智慧很多，而且身边朋友、同事，凡是参与股市投资的人中，十有七八手机中的股票行情软件就是同花顺。笔者开始认为这家公司在这个领域做得似乎不错，但是当时过于迷信"互联网企业有泡沫"的思想，而没有更多了解互联网的本质及其背后的盈利模式，因此即使已经认可了这家企业的产品，但是限于思想上的"不开放"及"不与时俱进"，只是一直关注着同花顺。看着其股价一路下滑，却没有多花一些时间去了解这家企业本身的价值，反而认为这只股票的股价就应该这样，之后逐渐减少关注。而随后同花顺的走势，相信所有经历了这波杠杆牛市的读者都应该了解，一年近30倍的涨幅，稳健的财务指标，并不夸张的市盈率，一切证明了互联网企业并非都是泡沫，被大多数人认可的产品，其企业的价值终究会被发现。

通过上面笔者自身的两个例子，**想与各位读者分享的是，价值投资**

的指标就在我们的身边，大家对于产品的认可度应该具有一定意义上的普遍性。这些我们触手可及的产品，不妨去亲身体验一下，多观察一下，也许你的所见所闻及感受所提供信息的价值，并不亚于一位行业分析员参加一次股东大会或进行一次高层面谈所带来的。因为只有体验过，才能有认同感，才能感受到这家企业的用心及负责与否。正如之前章节所说的，当我们在决定"借钱"给一个人时，和这位"借款人"吃个饭、聊个天也许能够发现不少有用的信息，花费一些饭钱总比借出的钱收不回来好吧。

关注过去数年内的高速发展行业

对于这一点，是在经历了2006—2008年和2014—2015年这两拨牛市后才发现的规律，对此还未做更为细致及更多样本的分析，因此仅以这两次牛市作为依据加以分享。

在牛市中，特别在中国A股市场上的这两轮牛市中，具有普涨性，但是总会有一些贯穿牛市始末的龙头板块。但因为普涨性以及最近两轮牛市的短时性，当身处牛市本身时，我们可能会有所迷失，关注更多的是时时的热点变化，或板块、个股的量价转变。但我们是否能在牛市到来时，或在牛市到来之前就能准确地投资在整个牛市中相对龙头地位的板块？对此，从这两轮牛市来看，笔者认为是可以的，可惜笔者本身是在此轮牛市结束后，总结所得所失后才发现的，因此还无法运用到投资实践中。

在2006—2008年的牛市中，最为龙头的行业应该就是房地产以及房地产相关产业，如水泥、钢铁等。而在牛市来到之前的2000—2006年应该是中国房地产行业极其疯狂的几年，虽然其价格的上涨不如这几年（毕竟现在的房价基数不同了），但其涨幅是疯狂的。比如上海外环附近一套近100平方米的普通住宅，在2000年前后仅10万元，但是到了2006年，其价格已达到150万～200万元，甚至根据其所处周边的交通、商业、教育及医疗等配套设施的情况，还会出现更高的价格。在2008年前后，中国福布斯排行榜的富豪中，房地产行业的占比接近9∶1。试想，对于五六年内高速发展，并造就了一个又一个顶极富豪的产业，其相应的个股股价在还没有大幅上涨的情况下，难道不值得我们去关注、投资？！若不愿意长时间持有，在牛市到来，其股价上扬之前，难道不值得我们勇于追入？！

相信此时，很多读者就应该想到2014—2015年这个短暂但更加疯狂的牛市中的龙头行业。对，就是互联网相关行业，试想一下，在2000年前后，上网还是用电话线接入，手机还是用单色屏幕。而到了2010年以后，我们发现了什么？几百元就能够买到一台触屏手机，手机上网制式从2G已经升级到了4G，宽带速度从KB/s到了MB/s，并且以更快的速度发展，曾经下载一集电影或一款游戏可能要用数小时、半天甚至更长时间，而如今可能只要几分钟，甚至可以在线观看、在线游戏。网络速度是基于网络经济的发展而提升，在过去的这些年中，网络越来越成为现代中国人生活中的必需品，我们看到了福布斯排行榜上的变化，我们看到了学校专业供需关系的变化，"码农""低头族""张江男"等与时代相关的名词产生，信息传播的时效性越来越迅速，信息产业程序人员已经逐步代替原来的产业工人成为了新时代的工人阶级。这些变化是否应该值得我们关注？如此迅速发展的行业是否值得我们投资？因此，当感受到了相关的时代变化以及生活中显而易见的转变时，作为投资者的我们就应该对其投入更多的目光与精力，发现其中的价值所在。果不其然，在接下来的一波牛市中，与网络、计算机、信息技术相关的行业成为上涨的龙头行业，若做到提前留意和关注，价值投资者将获得丰厚的回报。

也许读者会说这是马后炮，这些都成为了过去，现在再提还有什么用？笔者认为依旧有用，而且坚信这么一句话：也许刚接触投资，你会亏损甚至损失惨重；但是五年后你若仍坚持投资，你会小有盈利；如果十年后你仍在投资，将有所积累；如果三十年后你仍旧在这，将会无比富有。所以说错过了一两次，只能说"得之我幸，失之我命"，但是若能从这所得所失中总结经验并发现规律，其收获将是不言而喻的。笔者相信自己在经历了这两轮牛市和熊市后，将会有更多的观察、了解和把握。也许无法确定自己是否会有高瞻远瞩的眼光，掌握未来准确的发展趋势，成为某一领域的先锋者、领路人，但是通过对生活点滴更细微的观察，在下一轮大牛市到来之时，投资准确的龙头行业的机会还是非常大的。

价格因素、繁荣程度是供需关系的外在表现，而股价的变化也是对于相关供求关系的预测及反应。再以2006—2008年的上涨龙头行业为例，房地产业在经历了疯狂后，至今仍旧是中国最重要的产业之一，其价格依旧上行。看其行业股价，虽然预期不如上一轮，但是很多财务数据稳定的房地产企业股价依旧维持在相对的历史高点，但是对于水泥、钢铁行业而言，因为房地产本身增速的减缓、利润空间的压缩，从而控制了造价成本，进而影响了上游企业的生存空间。加之4万亿元经济刺激计划对于这些行业的后续负面影响，以及产能过剩、技术相对落后，从而财务数据有了大幅回落，因此虽然房价依旧高昂，楼市近几年也偶有火爆表现，但是上游企业的股价仍没有特别的表现。这再次说明供需关系、产业预期真正决定了行业的走向及市场资金的关注方向。

总而言之，做一个生活中的有心人，体会生活的点滴，多思考，成为一位成功的价值投资者并不是遥不可及的目标。

政策

政策环境，这个词语似乎在投资领域，特别是股市（尤其是A股）属于一个介于中性词与贬义词之间的词语，它包含了更多政府的介入及人为操控的意味。但是笔者认为，政策环境其实更应该是价值投资者的有力武器。为什么这么说呢？因为笔者认为，政府作为国家的管理者和监督者，需要也有义务发现国家的优劣势、规范市场环境、引导经济发展方向、保证社会公平。而达成这些目标更多的就是通过法律法规、行业规范及相关行政手段，这也就构成了相应的政策环境。通过这些条文、政策的出台，投资者能够在宏观层面了解国家发展的脉络，更好地选择认为值得投资的领域。

对于政策环境，很多人可能认为具有中国特色，但是笔者却认为政策环境其实普遍存在于任何国家。比如美国硅谷，造就了如苹果、思科、脸书（facebook）、英特尔、惠普、亿贝（eBay）等一大批高科技巨头企业，而其背后就有所谓的政策环境的干预。20世纪40年代，晶体管这一半导体行业的标志性发明诞生后，依托斯坦福大学的科技创新能力，在硅谷建立起了科技产业园区。美国政府看到相关领域的发展趋势，以及硅谷的产业影响力，从而制定了恰当、有效的政策和法律来推进硅谷的成长，其中包括建立知识产权保护和专利制度；制定相应法律允许大学、研究机构，甚至小型企业申请国家基金，或利用其他国家资源进行研发并享有专利权，推进产学研合作；也根据产业发展需求，多次修改了移民法案，例如，迄今为止，计算机编程、信息通信工程、基础研究都是最容易办理美国技术移民的行业；同时，通过税收制度吸引风险投资，激励企业创新；更通过对创新型企业的政策优惠及专利的流转保障，促进了发明专利的快速转移，以最快的速度将研究成果转化为产业收益。正是这些政策加速了硅谷的发展，使其成为享誉全球，吸引计算机、信息通信、互联网及电子相关领域最多和最优秀人才的"科技高地"；也使得美国在信息科技及计算机科技领域一直处于世界领先地位。

因此，笔者认为，对于价值投资者而言，更应该把握政策给予的导向性，并结合自身的判断及实际数据，选择认为更值得投资的行业。

而对于政策而言，**笔者认为可将其分为长期政策、中期政策及短期政策**。其中，长期政策属于国家发展层面的政策，其影响时间较长，影响范围较广。例如，中国的改革开放政策、人口政策中的二孩政策、促进城镇化建设政策、土地改革政策、医疗改革政策等。

中期政策则更多偏向于产业政策，主要为推动某一行业的发展或改革而制定的相关法律、法规及行业发展白皮书。例如，中国工业改革政策中的中国制造2025战略、农业现代化政策、钢铁煤炭行业淘汰落后产能政策等。

短期政策为某一时期对经济进行直接干预而推出的行政手段。如加息降息、调整税率，甚至在2015年A股中高调出现的救市行为等，均属于短期政策范畴。

政策种类繁多，涉及面广，如何洞察政策背后的投资价值，则需要投资者根据自身的判断和认识进行解析。但是笔者认为，可通过长期政策的理解，把握国家发展的总脉络；依据中期政策，结合产业资讯、生活中的观察积累，选择值得投资的行业及个股；而短期政策则可以作为买卖点的参考依据。

在这里，分享一些笔者对于政策环境所带来影响的体会与认识。

　　自改革开放这个中国近四十年最重要的发展战略实行以来，笔者认为，促进经济发展、推动科学技术进步及完善社会体制是国家发展的总方向。其中促进经济发展是最关乎民生、最重要的一项，而科学技术进步及社会体制的完善又会进一步加速经济的增长。经济发展的"三驾马车"——投资、出口和消费在过去的近四十年内都有着令世界震惊的发展。在投资领域，特别是外商在华投资方面几乎做到了极致，20世纪70—80年代，在中国国内还很少见到外国人士，但到如今已经演变成一线城市外国人随处见，二线城市不稀奇的状态。世界500强企业中的外资企业几乎都在中国进行了投资，这充分说明中国市场的潜力及吸引力。在出口方面，得力于原来的人口红利及成本低廉的特点，在中低端制造业领域，"中国制造"几乎成为中国在世界舞台最为知名的名片。但是随着经济的发展，人力成本的上升以及低端制造业表现出的高能耗、高污染性，中国需要转型，需要从产品出口逐步转变为技术出口和资本输出。中国不仅需要赚取更多的外汇，更需要通过技术出口进一步促进科技发展及经济增长模式的转型，通过资本输出获得更多的全球资源，促进不同领域及不同国家的交流贸易，进而加速人民币国际化的进程，摆脱对其他国际货币的依赖，降低国际贸易成本，从而有利于出口及银行业的发展。而对于消费，通过人均收入的增长、基尼系数的逐年下降，以及文化、旅游、科技产品等生活辅助品行业的繁荣可以看出，中国的消费模式及多样性已经发生了巨大的转变，但是也必须看到消费增长目前还有许多方面亟待改变。例如，住房消费、教育消费、医疗消费占比过大；贫富差距较大，城镇居民人均收入早已步入小康水平，甚至一线城市人均收入已达到了中等发达国家的收入水平。但是中国人口比重最大的依旧是农村人口，其数量超过9.4亿，目前消费水平远低于城镇居民的消费水平，但具有极大的潜力，因此，加速城镇化发展进程成为提高国内消费水平刻不容缓的发展方向。

从上述笔者所认知的中国经济发展的优势及不足来理解，**中国目前在经济发展中最为重要的脉络是，加快城镇化建设，应对产业结构转型和升级的挑战，建设环境友好型社会，加速资本输出，逐步推行人民币国际化，同时鼓励民间资本在各领域的投入。**那么这些经济发展的总脉络能够给我们的投资带来怎样的启示和影响呢？

从投资领域来看，中国虽然依旧希望引入外资，在利用国外资本的同时，吸取外国的先进技术及管理经验，从而促进科技及管理水平的提高，但是这种迫切度已经与四十年前，甚至十年前不可同日而语。如今，中国民间资本通过这几十年的积累，已经得到了空前的壮大，这些资金希望拥有更为稳定、长期的保值和增值渠道。虽然说资金都具有逐利性，但不可否认的是，相较于外资，中国的民间资本植根于中国，其资金的灵活性高于外资，资金短期收益的苛求性则低于外资。配合更为完善及严格的知识产权保护相关法律、法规的出台、"万众创业、大众创新"的号召，以及国家垄断行业准入门槛的降低，民间资本投资额的井喷已是不可逆转的趋势。对于大额资金而言，长期稳定的收入、保障资金的安全及保值是首要目标，因此，基础建设、保险、医疗、养老、教育等增长预期明朗，增长相对稳定，但准入门槛较高的行业会受青睐。而中小资金对于增长率的要求更高，因此相对风险较高，同时潜在回报率更高的新兴行业则更具吸引力，例如互联网产业、文化产业、对外贸易产业、快消产品产业、高科技领域。[1]同时民间中小资金的投资需求也会促使众筹及相关风险投资行业的发展，当然，与此同时，行业的规范性及监

---

① 例如利用高校、研究机构的研发能力，进而投入资金，做到产学研相结合，在某一较小方向获得产品专利或技术优势。

管性则需要大幅提升。因此，在价值投资选择性上，需要根据自身投资风格及风险容忍度，选择资金需求量较大、民间资金进入可能性较大的行业。

从消费领域来看，城镇化建设及建设友好型社会将成为重中之重。城镇化建设中，城市相较于农村，人口集中度更高，资源利用率及整合性方面更优，城镇居民获得配套资源及各种物质产品的途径及选择性更广。资源利用率的提高，有利于友好型社会的建立。资源的整合可以有效降低各类服务及产品的成本①，促使消费的发展。同时，人口集中后，服务业的发展空间更大，且空余土地的现代化介入程度也会更高。例如，大量土地的承包，可以促使农业现代化的发展；而传统的作坊式农业结构，很难大幅利用现代化科技。因此在价值投资选择性上，应该可以看到，城市二线，甚至三四线城市的发展应该是城镇化建设的重要方向。而针对一线城市的人口饱和，其更多的是改善而非建设，因此可以将目光更多投入那些提前布局中小城市的企业，同时与城镇化进程密不可分的基本设施领域，如住房、生活消费、基础设施，配套工程领域如教育、医疗、文化，以及在中小城市因资源等优势形成的集中产业也值得关注。其中重点说一下房地产行业，虽然说城镇化进程对于二三线城市的房地产行业有着非常明显的推动作用，但是房价跌幅最大的仍是这些中小城市，而一线城市的房价目前依旧保持上行。这其中最大的原因就是房地产在这些城市的发展远远超前于城镇化建设的步伐，空置率、泡沫化程度较高，刚需相对不足，目前的房价下跌则是弥补需求与供给差距的市场表现。但是随着价格的走低以及城镇化进程的深入，中小城市房地产行业的"第二春"仍是可以预期的。因此，在城镇化建设方针及配套政策的

---

① 运输成本在许多快消类产品的成本中比重较大，同时电子产品使用的配套设施建设也是巨大的社会成本。

推动下，可以将相关领域的投资方向偏远化、西部化。例如，"家电下乡"的政策，使得那些偏远地区经济相对落后的企业获得了更大的发展，如格力电器、美的集团都成为其中的受益者。

从出口领域来看，中国劳动力成本的逐年提高以及人口结构的老龄化，使得曾经的人口红利逐渐消失；而且中低端制造业也不符合中国社会转型的方针，因此淘汰落后产能，提高高端制造业比重，研发核心技术从而促使中国企业的技术出口，将是非常重要的对外投资方针。同样，对外资本输出，也同样是中国企业走出去的必经之路。十多年前，联想收购IBM笔记本电脑业务，成为国内的重磅新闻；而如今中国企业、中国资本走出去进行的收购兼并已经司空见惯，就2015年披露的中国企业海外并购就有500余宗，交易金额超过2 300亿美元。笔者认为其背后最重要的战略方针就是人民币的国际化。作为全球第二大经济体、世界经济重要的参与者，以及与全球各国有密切经济往来的国家，其货币人民币在国际舞台的流通中还大量需要通过美元、欧元等国际流通货币进行结算，这不仅影响了中国的国际形象，同时直接增加了对外贸易的成本，影响了中国海外投资的进程。因此针对上述内容，国家出台了汇率改革政策，为人民币国际化进行有效的试水，而"一带一路"倡议也加大了中国企业在国际舞台的参与度，提高了世界各国对人民币的接受程度，从而促进人民币国际化的顺利推进。因此在价值投资方向上，如高铁、基础设施建设等海外工程的增加，汽车、家电等出口行业出口比重的逐年提高，以及人民币国际化将会促进银行业的发展。目前国有商业银行的连续高增长在2015年戛然而止，可以说存贷差、信用卡及理财产品承销的盈利模式在低利率、互联网经济的冲击下，已经逐步失去优势，因此寻求新突破、新增长点迫在眉睫。而人民币国际化不仅能够为国有商业银行增加更多利润增长点，而且估值模式也将重新评估，大型商业银行超低市盈率的时代可能在不久的将来成为历史。

在本节最后，分享一个笔者通过政策环境进行价值投资的实例。在2012年，国家将西部开发写入"十二五"规划中，在中国东部已经初步完成现代化建设之后，我国逐步将战略重心转入更为广袤且更具发展潜力的西部。在经历了2008年全球油价暴跌之后，2012年的油价已经逐步趋稳，且再次形成了上升趋势，已经基本达到了70美元～80美元每桶的价格。在此时机下，笔者认为石油依旧是重要的战略储备资源。但中国属于全球石油消费大国，于是笔者开始思考我国该如何利用西部资源，以及在世界石油储量丰富的西亚、中东以及俄罗斯等国的采购事宜。因此，笔者就将目光投入了新疆这个多民族聚居，石油、天然气、页岩气、页岩油资源丰富，且中国古丝绸之路必经的西北边陲之地。在新疆板块有三家石油相关企业。同时，由于2012年A股属于低位震荡阶段，成交量较小，并未形成大行情的趋势，所以笔者认为，市值相对较小的股票其潜力更大，因此锁定了准油股份这只曾经因石油勘探权而被炒作，但是财务状况也较为稳定的石油技术企业，并在2012年中开始建仓。不过由于大盘环境的影响，以及准油股份所属板块也并非西部开发的排头兵，因此该股之后的趋势仍旧震荡下行，该股账面也发生了亏损。但是到2013年，国家正式提出了"丝绸之路经济带"的概念（之后又提出"一带一路"倡仪）；而当时的准油股份也开始建立了海外机构，逐步开始开展海外业务，这一动向完全符合国家政策导向，而且财务状况也未下行。因此即使当时该股账面出现亏损，笔者仍旧坚定持有，并进行了加仓。准油股份自2013年起持续上行，在2014年的杠杆牛市来临之前就创出历史新高，并给笔者带来了超过两倍的盈利。

② 微观

　　在前述宏观选择部分，笔者分享了在大趋势、大方向上对于行业的选择，总结起来就是，所选择的行业方向或是与人类发展趋势相匹配，且有重大技术突破的行业；或是与自身生活、专业、工作相关，被本人所熟知并肯定的行业；或是符合政策环境，并在某一期间内被持续关注的行业。但是相对而言，其价值投资的时效性依次呈递减性。人类发展趋势涉及的领域相对集中，但是其技术的重大突破较为缓慢，加之其民用化进程的时效性无法把控，因此虽然其行业把握的准确性较高，但是能够产生真正投资价值的个股可能并不多。而且作为上市企业，要在上市期间依旧具有革命性的创新，而且股价并未被高估，则更为难得，截至目前，笔者并未发现A股中出现过此类股票。而在全球股市环境中，20世纪八九十年代的微软，2000年之后的苹果公司以及如今的特斯拉均属于此类标的。而根据政策环境选择的行业，部分政策的时效性相对较短，而且失败率可能较高。例如，2008年4万亿元投资中的大量资金涌入产能相对过剩的行业，在2008年年底至2009年下半年的行情中，煤炭、有色金属、钢铁成为主力，但是当褪去了政策的光环后，其股价便震荡下行。该类行业的龙头企业即使在经历2014—2015年的牛市后，仍旧未能触及或者说接近历史高位。而且曾经的高位，可能会在未来很长一段时间内成为这些标的不可企及的"高峰"。

因此，更加符合普通价值投资者的方式，是从生活、工作及学习中发现有价值的行业或者相应的公司，之前的章节已经阐述了如何做一个有心人，发现有投资价值的行业，此处不再赘述。

本书宏观部分主要是对于行业的判断，但是对于投资操作而言，特别是在股票的投资上仍旧需要落实到个股标的。因此，在宏观部分选择相关章节的举例中，依旧以具体标的作为实例分享；而在微观部分，笔者将对标的的选择方法进一步细化，分享一些在具体标的选择上的观点及办法，特别是当选定多个标的时，如何进行比较判别，在价值投资性上选择更优者。

公司

当我们已经确定了有投资价值的行业时，如何在行业中选择合适的标的，将价值投资理念落到实际操作中，则是更为重要的一步。

在选择投资标的时，我们经常会纠结是投资大公司还是小公司，当提及这个问题时，常常会有这样的声音，价值投资不就是投资优质蓝筹股吗？如果真是如此，是否价值投资本身就不值得成为一种投资流派，因为它似乎太过简单，无需花费太多精力就能达成。

在笔者看来，任何一家公司都是从小发展到大的，当然，部分国家垄断企业除外。所谓的大或者小，其在不同的时间维度会发生变化。最为理想的投资状态是，当你发现标的股份的价值后，在其发展初期或中期对其进行投资；随着它的逐步壮大并成长为一家大型企业，分享其发展所带来的巨大红利。例如，2000年的苹果公司绝对称不上大公司，与当时的微软、戴尔、IBM有着明显的差距，但是因其创新性以及特有的产品市场，该公司仍是具有相当投资价值的。而如果当时坚持持有至今，那么不仅会见证苹果公司的蜕变与发展，从一家知名企业成为龙头企业，从一家小公司成为高科技行业的"第一股"，而且会在此期间获得巨额的投资回报。那么大公司的回报率是否就差呢？看一下万科在2005—2007年牛市的涨幅，作为当时中国四大上市房企——万科、保利地产、金地集团、招商地产之一，它所表现的涨幅远超当时的大多数股票，并且成为那一轮牛市的龙头企业。再看一下2014—2015年牛市开端时期，中信证券作为中国A股的巨无霸之一，其所展现的涨幅也令人瞠目结舌。因此，公司的大小并不是衡量价值投资的重要区分标志，但是，对于投资大公司或小公司，笔者有着自己的看法。

笔者认为其中最为核心的就是**小公司大业务，大公司多业务**。简单地解释就是，对于小公司而言，需要将绝大多数的资源及精力投入核心竞争力的提高即技术研发之中，提高其所在领域的市场占有率。而对于大公司而言，则需要更为合理地配置资源。不仅要巩固其所在领域的龙头地位，同时要发展上下游领域，扩大其在行业的优势；或者涉及更多其他领域，为企业注入更多全新的发展动力，并且降低行业发生系统性风险对企业造成的影响。

对于一家小的上市企业，特别是中小创企业，虽然也是某个行业或领域较为出色的企业，但是相较于大型的国企或行业龙头企业，其仍属于资源及市场份额相对薄弱的一方。在这种资金相对有限，而且产品丰富程度相对单一的情况下，应当考虑的是，如何加大投入，在关键核心竞争力上寻求突破，占得更多市场份额，获得更多利润，以进行扩大再生产、上下游产业开拓、跨领域投资，从而使企业步入良性循环，向着大公司方向努力。自2009年10月30日创业板以1 000点开板以来，经历了不平常的八年。股指自

1 000点跌至585点；又在2012年开始以585点作为起点，率先开始走入上行通道；并在2014—2015年的牛市中触及了4 037点的高点，比开板指数高了三倍，比最低点高了接近六倍。入驻创业板的企业作为所有A股二级市场中的小企业代表，其活跃性毋庸置疑，而且伴随着创业板的大牛市，基本90%的创业板股票都在2014—2015年随大盘创出了历史新高，凡是或有概念、或有题材、或有业绩的个股，都在牛市中表现突出。大量投资者，包括大量基金，都因创业板股票的小市值而给予了其更高的估值和预期，但是其中仍有一些创业板股票在这样一轮疯狂的牛市中居然依旧无法突破之前的高点，其中的典型就是吉峰农机。这只第一批上市的创业板股票属于上市阶段中国农业机械销售行业中的明星企业，因此在上市后是同期表现最为亮眼的股票，但是又何曾想到，在初期创出的阶段性高点居然成为该股目前为止的历史高点。近几年是中国现代化农业全国推进、政策力度极大的几年，国家大力推进农业现代化进程，发展科技农业、创新农业，在政策和财政上给予了极大的支持。但是回看一下吉峰农机最近几年的财务报表，营业收入特别是主营业务收入以及利润方面出现了明显的下滑，在产品引进及营销模式创新方面几乎没有亮点，在这种情况下无怪乎股价无法随创业板指数同步上行，因而从曾经的明星股成为无人问津的个股。相较于吉锋农机，在创业板牛市中的代表企业，如同花顺、华策影视，虽然占据互联网行业发展以及相关行业炒作的优势，但是就其企业本身而言，均居于行业前列。同时，其核心竞争力逐年增强。例如，同花顺的客户体验、新功能的开发等。华策影视作为影视文化领域中的一个企业，在与传统影视公司、网络媒体以及电影企业衍生业务的竞争中并没有特别的资源以及资金优势。但是，华策影视抓住了行业本身的发展契机，拍摄出了一系列具有口碑的影视作品，如《爱情公寓》《中国往事》，从而积聚了大量的观众口碑。华策影视在继续追求电视剧作品品质的同时，开始积极拓展电影及综艺节目领域，不仅做强本业，更是多领域发展，这其实更是"大公司多业务"的体现。而其所对应的营业收入、净利润也有着上佳的表现，因此成为机构及基金公司眼中的"香饽饽"。

而大公司在其所在的行业有着较大的市场占有率，具有龙头地位，相较于行业内的小公司，其资金更为雄厚，在核心技术的投入上也更多。但是大企业也有着非常明显的劣势，而劣势也正体现在其企业的规模上。大企业为了保有其市场占有率，因此相关产品、服务的数量级远高于小企业，其企业转型更为缓慢，特别是对于生产型企业，其产业升级速度远远落后于小企业。因此在行业依旧处于上升或平稳通道的情况下，在加大核心竞争力提升的同时，如何培养更为完善的上下游产业，甚至跨领域地进行投资，以达到优化产业结构、分散风险的目的。复星[①]、伊利、浙江龙盛等行业龙头企业，均对其上下游产业或者其他领域有着非常显著的投资。其中复星集团属于多领域投资的典型，涉及的产业包括医药、保险、房地产开发及资本管理；而伊利则属于上下游产业开拓的典范，从奶牛养殖、饲料生产、牛乳生产、销售以及深加工产品的开发，其生产内容涵盖了产业的全生命周期，有效地控制了生产成本、供给量的调整以及深加工产品附加价值的收益；而浙江龙盛则是综合上下游产业投资以及其他领域（房地产）开发相结合的代表。

下面分享一下笔者投资浙江龙盛的经历。2014年上半年，油价走入下跌通道，人民币结束了十年升值趋势。这时笔者将注意力投入了化学品加工行业以及与出口相关的行业，原因在于大多数化学品加工行业的原料来源于石油，油价的下跌能够降低企业的原材料成本。而人民币贬值，意味着相对

---

① 其中上市公司复星医药仅为复星集团的产业之一。

于其他货币，人民币在全球的购买力略有下降，当然在国内并不会因为人民币贬值而明显提高人力及相关运营成本，那么对于出口行业而言，可能会获得更多的出口机会。因此笔者从"开源""节流"两方面着手选择相关行业，最后将目光投入了分散剂染料这个化学细分产业，选择这个行业最为主要的几项原因除了前文所述的成本及直接出口外，最为重要的原因是，中国是世界最大的服装出口国之一，而其中分散剂染料为布料浸染必不可少的部分，因此在人民币适度贬值的情况下，对于分散剂染料行业具有双重促进作用。而在选定这个细分行业后（其中的股票并不多），依据各项基本的财务分析以及相对谨慎的投资风格，笔者选择了行业的龙头企业浙江龙盛。在买入该股时，该股票其实已经从2012年的低位有了非常明显的涨幅，股价也在历史高位附近，但是因其财务状况的稳定、向好，因此笔者最终依据自己的判断选择建仓。而当进入2014年下半年，特别是2014年8月以后，随着券商、银行以及"一带一路"概念股的高歌猛进，大多数投资者都将目光投入了这些热门的板块及个股。因为买入浙江龙盛，因此笔者对于相关新闻有了更多的关注，在2014年下半年，"内蒙古腾格里沙漠排污"的新闻被报道之后，相关企业被勒令停产。而这家涉事企业就是当时位于全国前列的染料还原剂生产企业，而还原剂作为分散剂染料生产的必需品，该企业的停产可能会直接影响分散剂染料的原料供给。在之前对于浙江龙盛的分析中笔者了解到，浙江龙盛旗下子公司就有相关还原剂生产企业，且其规模同样排名前列，因此此次排污事件在笔者看来，在投资价值上将非常有利于浙江龙盛，所以加大对该只股票的投资。而从之后的表现也看出，在相关热门板块炒作热度逐渐退去后，浙江龙盛在2014年11月至2015年1月期间走出了远超上证指数及本行业指数的涨幅；而随着牛市的延续，浙江龙盛在经历了短暂的盘整后，再次随势走出了不错的涨幅。而随着股价在短期内的快速上涨，笔者开始逐步减仓，虽然截至目前仍有部分存量，股价也大幅回落，但是该股实现的盈利已经达到了本金的一倍以上。虽然股价随着市场波动已大幅回落，但是伴随着更为严厉的环保政策的出台以及人民币贬值的延续，其龙头企业的投资价值将可能再次显现。

因此，笔者认为，当确认了所投资的行业，在选取具体投资标的时，完全可以参照"小公司大业务，大公司多业务"的原则，作为投资标的选择的依据。

在此，还需要多提一句，在A股中跨行业投资的企业并不在少数。但是在本节中提及的"多业务"有一个非常重要的前提，即以本业作为根本，其中主营业务收入在全部收入中的比重可以有所降低，但是其主营业务的绝对值应该稳中求升。因为我们在选择具体投资标的之前，更重要的是选择所投资的行业，只有在行业确定的情况下，才能去劣存优，选择更值得投资的个股。记得在2007年的牛市，开始有一种概念股产生，叫做"影子股"。这些上市公司利用了较大资金进行跨业投资，即股权投资，而且投资的标的主要为未上市的券商股。该类股票在2007年牛市中，因海通证券借壳上市后暴涨，引发了关联效应，从而被市场资金追捧。但是从一位价值投资者的角度来看，这些"影子股"是否值得投资？答案在笔者看来是否定的。首先，对于普通投资者而言，对于"概念"的发掘晚于其股价的表现。一般当某一热门概念被了解时，其股价已经在一定程度上超过了其本身的价值，包括相应的预期附加值，因此在该轮炒作中，其所剩余的价值非常有限，甚至可能已经见顶。其次，就"影子股"这个概念，即上市公司提前投资的券商股本身而言，存在着非常多的不确定性和未知性。例如，该券商股是否能够上市并取得预期的资本回报？即使上市存在一定溢价，但是持股的上市公司存在一定时效的限售期，而券商本身属于周期性较强的行业，在限售期内其本身业绩存在不确定性，股价是否会发生大幅回落，从而影响收益？毕竟大小非股东抛售解禁股票，需要缴付20%或25%的个人或企业所得税，因此实际市价无法完全体现收益。所以，我们在选择个股时，在坚持"小公司大业务，大公司多业务"的前提下，也同样需要关注企业主营业务的具体表现。特别对于大公司而言，多业务是分散风险的重要表现，可以理解为主营业务在整体业务收入中的比重应该逐渐降低，但同时主营业务的实际收入应该逐年增加。这说明其在扩展产业链、增添产品附加价值，或者投资其他产业、增添更多增长点的同时，需要坚持本业，提高主业的核心竞争力，同时在本行业的市场占有率应该尽量保持或逐步上升。当然，特殊情况还是需要特殊分析，对于部分产能过剩或者门槛低、流动性强的行业，其主营竞争异常激烈，同时可能存在去产能的情况，那么再一味追求主业的增加，是一种教条主义的体现。当然，对于这类产业，作为价值投资本身，其实我们在行业的选取上就应该将其排除，因而也就不会涉及之后的选股环节。

财务

介绍了基本的选股风格，那么就要回归价值投资选股最为常见的方法上了，即通过企业财务状况进行个股的判别。价值投资领域的各种"经典"，均从企业财务着手分析，进而判断、选择具有投资价值的标的。而在大多数价值投资书籍中都会提及的企业盈利能力、股息率、现金流以及资产负债率等指标，就不在本书中加以赘述，相信任何一位价值投资大师的著作都能非常深刻、清晰地阐述出相关数据的重要性，而且其表述将更为精辟准确。当然不得不说，任何指标普遍认知的方法反而存在一定程度的风险。比如，作为价值投资，我们会特别关注企业的盈利能力，而在股价中最直接的对应表现就是市盈率。根据普遍认知，市盈率越低，每股潜在的盈利能力越强，股息率则越高。但是在实际操作中，我们是否就能真的照搬这一方法？答案必然是否定的，如果这个方法能够成为价值投资的"真理"，那么只需要买入市盈率最低的股票，而每个人都买入这类股票，其价格将被抬高，市盈率也将相应提高，从而又不存在投资价值了。而股票将没有人购买，所有买入该股的投资者也将无法抛售手中的股票兑现，那么这种价值投资方法本身就成为悖论。在实际情况中，也并非市盈率低的股票就一定具有投资价值；而市盈率相对较高的股票，也因其潜在业绩的增长及盈利模式等被市场普遍看好，总有资金愿意以更高的溢价买入该股。总之，在各项财务数据及相应指标的运用中，都需要结合目标股票的行业特性、市场竞争环境、供需情况等因素加以综合考虑。用一句与时俱进的表述就是，需要以动态的、发展的眼光来看待每一个数据及指标。

而在本章，笔者希望分享财务报表中两个相对来说并不起眼，但是在每一个企业的正常经营中却一定会被关注的数据。

应收账款

为提高市场竞争力，企业愿意采用赊销方式销售产品或提供服务。应收账款都会计入当期的营业收入，成为支撑企业收入的重要数据来源。但是应收账款的最大产生基础就是信用，正是基于产品或服务接受方的信用认可，企业才会进行赊销，允许客户在未来支付相应的款项。但是既然称之为信用，就存在违约的风险。在大多数企业中，应收账款的考核成为绩效管理中非常重要的组成部分。因为违约风险的存在，应收账款中出现的坏账将直接影响企业的现金流以及收入数据。特别是在服务行业，应收账款金额较大成为企业生存、发展最严重的问题之一。在普遍统计中，单笔应收账款超过两年，其变为呆坏账的概率将陡增。因此笔者认为，在投资目标判断时，应收账款的情况也应纳入考量标准，比如企业年度应收账款占营业收入的比重情况、某一财务年度应收账款的变化、历年应收账款计提的变化等。下面分享笔者的一个操作实例。

在本章宏观分析部分，笔者举了买入准油股份的实例，当时基于行业判断，买入了该股，并取得了丰厚的利润。而卖出该股的众多原因中，主要的因素之一就是该公司应收账款常年高居不下。2014年下半年，全球油价已经进入下跌通道，在油价上升过程中，可以适当容忍其应收账款相对较高，因为其服务的主要客户，如中石油盈利能力突出，存在违约风险的概率较低。但是当油价进入下跌通道时，客户为控制成本，会降低对服务供应商的服务价格；同时因为终端投资项目的盈利能力降低，从而服务供应商的违约风险增加。在这种情况下，准油股份的应收账款控制依旧不佳，其占营业收入的比重甚至有所增加，因此在这种情况下，笔者对其进行清仓。虽然在未来半年多的杠杆牛市中，其仍有非常亮眼的表现，但是该股本身的投资价值已经不符合笔者的理论体系，因此笔者并未对这样的清仓行为感到懊恼。只能说在相关抛售时机的判断及选择上需要结合市场本身情况进行优化。如果没有之后的结构性牛市，准油股份的走势可能截然不同，在笔者编写相关内容期间，准油股份因重大资产重组而处于停牌状态，而其股价也基本处在牛市启动阶段的水平。也许在资产重组没有特别亮点的情况下，或者在复牌时，市场本身并未有明显的表现，其股价进一步与财务状况匹配的可能性较大。

投资收益

投资收益对于一家企业而言是一把双刃剑。投资成功，特别是在市场行情较好时，会带来额外的收益。但是在市场相对低迷的情况下，投资不仅占用了企业的大量资金或存款；同时账面的浮亏将计入年度的财务报表，直接体现在投资收益项中，从而影响最终的财务数据。

正如前一小节所述，对于一家属于市场龙头的企业，需要进行分散投资，降低因行业系统性风险给企业带来的损失。而这种分散投资并非狭义地理解为投资股票、债券等，更应该是在其他产业项下的投入，在与主业不同的领域内继续寻求新的增长点，而所追求的增长点应该具有长期性、持续性。而目前一般上市企业的投资收益主要是利用资金进行股市、债市、汇市及理财产品的投资。这类投资，除理财产品外，均具有较大的风险及不确定性。因此，一家成熟、有抱负的上市企业的投资收益一项占所有收入的比重较低；而有些企业则会利用投资收益来弥补因主营业务收入减少而导致的财务数据下滑。那么对于投资者而言，在选择这类企业时，需要谨慎对待。对于那些投资收益较高，而主营业务疲软的公司，需要加倍小心，因为其业绩存在较大波动，无法做到长期有效的稳定收入。所以，在选取相关投资标的时，可以将投资收益作为一项参考指标。若企业投资收益比重较大，则需要关注更为长期的相关数据，以判断该企业的盈利能力是否持续稳定，从而支持价值投资的选股原则。

通过财务数据判别个股是否具有投资价值，是每一位价值投资者的必修课，从财务数据中看到企业发展中的亮点、经营过程中的特殊之处，会为你的选股提供有力的财务数据支持。

对财务数据的筛选判断是一个长期的过程，需要在一定时间内进行关注。而其核心就是因技术水平及管理水平的提高，以及生产效率或服务能力的提高，在降低成本的同时赚取更多的利润。当财务数据形成某种有利于投资的趋势时，结合股价变化，适时地提前建仓，并对其进行预测；当趋势更为明显时则可以加仓待涨。若最终趋势与预测一致，则可以继续持股，等待合适的卖点。若最终方向与预测偏离或相背，则需要及时减仓或清仓，承认该次投资的失败。

所以说，如果能够从财务报表中看出别人并未注意的更多关键信息，那么投资成功率则更高。若想真正成为一名成功的价值投资者，发现报表背后的故事同样至关重要。

扩展

说完选股原则、财务数据的重要性，在这个章节的最后将阐述一些"另类"的数据。虽然定性指标量化后的数据无法保证其高精准度，不过笔者依旧认为，这些数据及原则具有一定的参考价值，可以在个股的选择上为投资者提供更多的理论依据。

人均产能

人均产能属于非常重要的判断指标，因为其数值的高低充分体现出了该企业在行业中的效率排名。越高的人均产能代表着企业的盈利空间及核心技术或服务能力更具竞争力；反之亦然。但是企业人数在公开市场并非一个绝对透明及公开的数据，而且即使拥有了某一企业的相关数据，在进行行业内对比时，其他企业的参考数据又可能缺失。但是这些数据又并非绝对的保密数据，可以通过"董秘提问"渠道加以获悉，不过若涉及的行业标的数量较多，则需要花费较多的时间和精力收集相关数据。若你的股市投资金额较大，那么花费这些时间，则能够给你带来足够的参考信息，相信这些时间及人力成本的付出还是值得的。对于普通投资者而言，尽可能在公共平台获取部分潜在投资个股的相关数据，也是提高投资成功率的途径之一，而且所花费的精力、时间应该也非常有限。

社会责任

基本每一家上市企业都会发布年度的社会责任报告，其中会阐述企业在过去参与的公益、捐款及社会慈善事业的情况。这份报告可能并不经常进入投资者的视野，一般投资者应该会将更多的注意力投向财务数据，而不常关注这一并不起眼的社会责任报告。然而笔者恰恰认为企业的这份报告可以作为价值投资者评判多个潜在标的的参考依据。

我们可以看到这样一个事实，居于世界财富排行榜前列的富豪有众多投入慈善事业，他们的这些捐赠不仅没有影响其本身的财富增加，而且赢得了更多的赞誉。同时，笔者认为，当真正投入慈善事业之后，则会更渴望能够持续地为那些弱势群体提供帮助，积极投入环境、生物保护，从而产生更为强烈的社会责任感，其企业的经营将会更规范。同样，A股上市公司的社会责任报告也充分反映了企业对社会责任的重视与否，同时也是企业掌舵人意识的延续或企业文化的传承。

下面来看一个实例，在A股行业选择中，乳制品及电器行业均可以纳入值得投资的行业范畴。那么作为各自的龙头企业，伊利股份和格力电器都是各自行业的典型代表；而且其财务数据也非常类似，那么在抉择中可能会产生更多的不确定性。若让笔者选择，应该会选伊利股份，而其中重要的参考依据就是社会责任报告的相关数据。在社会公益方面，无论是出于何种动

215

机，伊利股份在社会公益方面投入的资金更多，而且参与的慈善活动种类和范围也是伊利股份占优。从近几年的走势来看，伊利股份的市场表现也确实优于格力电器。上市企业的慈善投入，特别是涉及较大金额的投入应该会通过董事会或股东大会决议。而企业投入慈善的程度越高，说明企业文化以及股东导向方面更具社会责任感，这样的企业似乎更令人放心，更值得投资。

企业投入慈善事业毕竟会受限于企业利润及股东权益方面的考虑。不过企业核心层成员的个人慈善参与度，也同样可以作为企业选择方面的参考依据之一。正所谓"广厦千间，夜眠仅需六尺；家财万贯，日食不过三餐"，纯粹追求财富，会使一位企业掌舵人在某一个时期失去足够的前进动力。而更具社会责任感的个人和企业所提供的产品和服务将为社会的发展、进步做出积极且被广泛认可的贡献，从而会有更加持久且强烈的奋斗目标。马斯洛关于人类需求的金字塔模型中提及，人类需求最高的两个层次就是尊重需求及自我实现需求。因此，对于个人而言，在财富积累到一定程度之后，更高层次的社会认同感及自我价值的实现才是不断进步及前行的动力。而企业作为个人集合的表现体，也具有"思想"，这种"思想"就是由董事会、管理层甚至企业员工所表现出来的追求、意愿以及企业文化。所以，更具社会责任感，更具积极、长远目标的企业，才能真正走向优秀。

不同市场之间的机会

目前A股市场的全球化程度已经越来越高，而且中国企业在非内地市场上市的情况也越发频繁。其中A股与港股同时上市的情况最为特殊，同一标的在两个市场之间存在着价格上的差异，虽然这是两个不同的市场，对于标的的估值可能存在差异。特别在两个市场相互封闭的情况下，其比价效应不明显，但随着沪港通的开通，笔者认为这种差异将会逐步消除。进一步，随着深港通的开通，同一标的在A股与港股之间的价格倒挂现象将加速减缓、消除。

之前笔者曾提及，在2014年牛市起步的券商行情中，笔者已经提前布局，并且获得了不少的利润。在2014年新闻报道年内可能开通沪港通后，笔者就开始将目光投向了在A股与H股同时上市的标的；同时认为沪港通的开通将是中国券商业务增长的新起点，所以最终将目光投向了中信证券。作为中国券商中的航空母舰，中信证券是最早在香港建立分支机构的券商之一，而且在沪港通开通后也将成为A股方面最大的经纪业务服务方。此外，2014年，中信证券的A股与H股存在着明显的价格差异，A股市场的价格大约为10元人民币/股；而在港股市场，价格则超过20港元/股，考虑到汇率因素，两个市场的价格差异仍在60%左右。笔者认为这是一个非常有利于投资的时间点，因此，在市场依旧震荡的情况下，笔者依旧买入了并未被炒作的中信证券。在之后的持股期间，中信证券在两个市场的价格波动依旧加大，其中港股的价格曾发生较大幅回落，下降到16港元/股左右，但是其价格在两个市场倒挂的现象依旧存在，因此笔者仍旧坚持持股。最后所有走势在2014年7月悄然启动；2014年9—10月进入了最为疯狂的阶段；而在2014年11月，沪港通开通的当月，这波疯狂的行情基本进入尾声。但是笔者并未选择好该笔投资的卖出时机，在A股与H股市场上中信证券的价格差异快速收窄、同向上涨，并且第一波涨幅放缓后就选择清仓。虽然当时的盈利率已经超过100%，但是在随后的疯狂行情中，其最高价更是比笔者清仓的价格高出了80%。无论如何，这是笔者在跨市场投资机会中首次尝试并收益颇丰的案例，相信随着A股市场的国际化，不同市场间的互通将会给价值投资提供更多不一样的思路。

总而言之，个股的选取是行业选择的延续及实际操作的落实，因此属于优中选优的步骤，在这一环节应该结合企业业务发展状况、财务表现以及其他综合因素进行抉择。其中可能会发生剩余多个目标股票的情况，这时就需要根据自身的经验、投资习惯以及其他外在信息的辅助来判断最终的投资标的。但在投资资金允许，并且投资标的并不十分多的情况下，可以都进行前期的建仓；在后市的具体走势配合下，进行仓位的调整。

在整个价值投资的第二部分，笔者结合自身的经历及认知，分享了价值投资最为核心的标的选取的内容，由于篇幅有限，仅能表达部分核心思想。对于价值投资这种独立存在的投资流派，其发展繁荣数十载，诞生了许多大师，其所著经典被奉为价值投资的"圣经"。笔者作为价值投资理念的追随者，目前的所学、所知远远无法达到这些耳熟能详的价值投资大师们的水平。但是笔者坚信价值投资的核心，在企业过去数据及信息中发现价值，从而根据相应模型[①]预测未来较长时期内的价格走势，最终形成投资决策。但投资本身是对于未来的预测，存在各种不确定性，因此任何理论都不能生搬硬套，应该结合自身的实际情况以及所处的实际市场环境进行综合判断，并同时配有有效的应对方案，如此才能在长期的投资生涯中保持稳定的收益。

---

① 这里所谓的模型可以是数学模型，也可以是基于信息组合进行判断的逻辑方法。

第三部分

选 修

在之前的章节中，笔者着重分享了目标的选取。但是除了掌握在价值投资范畴进行行业及个股选取的具体操作外，其实在进行价值投资时，还需要进行其他的准备。所谓"工欲善其事，必先利其器"，如果将投资看作一份工作或事业，那么应当事先了解它的优劣，了解从事该项工作需要具备的基本心理素质等。

所以在本部分，笔者希望分享一些价值投资的"选修课"，从而能够进一步加深对于价值投资的认识，并提高交易的成功率。

1 "贬"值

一直以来，A股市场是否具有价值投资的土壤被广受质疑。之前笔者用数据阐明了自己的观点，A股是存在价值投资的。但是在这个大前提下，A股的价值投资的环境是否就没有劣势、缺点？这当然是否定的，而且A股市场价值投资的环境在某些方面甚至更差于其他发达国家市场。当然，A股市场存在的这些劣势，也不应该成为我们放弃价值投资的原因。而且应该看到，国家修改《中华人民共和国证券法》，不断深化证券市场的改革，目的都是建立更为健康、长效发展的市场。而我们需要做到的，就是不断完善自己的投资水平，迎接未来可期待的价值投资的"黄金年代"。市场倡导的回归实体经济、抑制过度投机、去杠杆化都是为价值投资培育更优的"土壤"。但是，我们还是来看一下在目前的环境下，A股的价值投资相较于发达国家市场的价值投资，还有哪些劣势。

信息的透明度

市场信息的透明度一直是A股被诟病的因素之一。上市企业信息公布制度的不完善，大机构或者部分利益操控者提前获悉上市企业的重大决策，从而在信息公布前建仓或影响股价，而上市企业的公告基本都会成为这一股价走势的"帮凶"。比如在几年前,将进行重大资产重组的上市企业,一般会在公告发布前一天毫无征兆地涨停。当时的操纵手法确实比较粗劣,甚至都不是大涨,就是突然涨停。而涨停当日晚间发布相关公告后,其股票会停牌。停牌结束后,一般资产重组都会在重组双方之间达成基本共识,从而股价进入连续的涨停之中。这类套路在很长一段时间反复出现在A股市场,严重损害到了中小投资者的权益。但这一现象目前已经得到了很大的改善。首先,退市机制的完善以及资产重组审核的严格,使得曾经紧俏的"壳资源"如今不再是以往的"香饽饽"了。其次,针对上市企业停牌时间的新规,相对降低了企业重大信息发布的随意性,而对于上市企业发布信息的时间点也有了更高的要求。最后,中小股民维权意识的加强以及证券市场监管能力的提高,对于幕后交易、关联交易以及信息披露的违规起到了更强的抑制作用。

虽然很多政策都表明市场正在向更为正规、公开迈进,但是目前A股市场的信息透明度问题仍旧是市场的顽疾之一。中小投资者与机构投资者或者知情者的信息严重不对称,以及相关制度的保障不全面,都影响价值投资的发展。

市场运动的同向性

说到A股的另一大特色,就不得不说"同涨同跌"。在短暂的牛市过程中,无论公司的业绩优劣、发展前景好坏,95%以上的个股都会上涨;而其中50%的个股甚至在整个牛市周期中的最高涨幅都保持在同一水平。反之,在熊市中,个股下跌的同向性也一样明显。正是因为如此,A股的"慢牛"

缺乏必要的环境，而价值投资的认可度也较低。

在笔者看来，价值投资是基于投资标的的业绩、发展前景、创新能力，并结合投资者自身的知识储备、事物认知能力及判断力做出的投资决策。而在一般情况下，每个行业的发展阶段、盈利能力、前景优劣都在不同时间阶段有所区别，而这种区别在单个企业上则更为突出。因此同向性的"大牛市"应该并不存在，而真正的牛市应该在更长的时间轴上表现。正如我们所认知的，社会经济呈螺旋式上升，其中可能会有起伏，但是总体趋势向上，股市也是如此。而不应该是股市在某一阶段产生了一个高点，而在随后较长的时间内，社会财富仍旧在不断积累，而这一高点却成为一直无法攀越的"顶点"。同样，虽然大熊市在经济发展过程中还是会发生，而大熊市发生的时间就应该是系统性风险爆发的时候，也就是所谓的"经济危机"。所以作为一个健康、有序的市场，其总体趋势是向上的，而其牛市的时间周期应该大于熊市周期；但是牛市单位时间内的涨幅应该低于熊市单位时间内的跌幅。这样的环境才能培养出更适合价值投资的"土壤"。在这种情况下，价值投资的优势才能被更多人所接受。不同周期内的价值发现，以及较长时间轴上的总体向上，共同使得A股市场上认可价值投资的投资者数量大幅增加。

市场的投机性

资本具有逐利性，这是在西方经济学中被普遍认可的特性。越高的回报率，资金越疯狂，因而投机性，或者说"赌性"越重。因为A股市场上信息的透明度相对较差，对违法、违规的市场行为监管不严，使得某些市场资本有了高额回报的可能性。在这种情况下，这些资金的投机性显著增加。加之信息的不对称，以及部分媒介的舆论导向，在A股市场上出现了许多价值投资者不太能够接受的名词，如"涨停敢死队""游资集中营"，甚至许多中小投资者坚持的投资理念是"利好卖，利空买"，似乎这是对于巴菲特名言"别人贪婪我恐惧，别人恐惧我贪婪"的诠释。但是笔者认为，这是一种过度理解或者说是曲解。例如，在目前监管愈加严厉，特别是在对退市机制进行了全新规定的情况下，市场上仍有大量投资者并不深究政策的本质及影响，而以"反其道而行"的思维去"傻搏"这些退市股，比如退市博元，这只因信息披露违规而被责令退市的股票，在退市公示的30日内，其成交比例超过了100%，也就意味着个股股权完全发生易手。这种笔者敬而远之的股票，居然成为某些资金眼中的"香饽饽"。当然，这样极端的投资，也源于很多市场违规行为造成的恶劣影响，但是无论这些操作的案例有多少，其依旧是市场上的小众，至少对于目前拥有近3 000只股票的A股市场而言，其数量依旧属于少数。因此，这种极端的、赌博式的观念应该需要回避、摒弃。

上述现象正是市场投机气氛浓烈的表现。愿意静心选股，分析财务报告，从而长期持有的投资相对较少；而希望短期内获得高额利润的投机行为反而较多。2014—2015年的"杠杆牛市"又何尝不是市场过度投机的表现。万亿成交量、融资、伞形信托都成为该轮牛市的热点词汇，但是当市场的投机性被抑制时，报复式的下跌也就开始了。"千股跌停""千股停牌"这些在投资历史上千载难逢的奇观也此起彼伏，让所有中国投资者经历了不一样的投资体验，但这种体验带来的切肤之痛，又是如此不堪回首。

固然中国股市存在着种种不足，但不可否认的是，市场仍旧在进步、发展。经历了这些后，监管部门在反思，进而改革；普通投资者同样需要思考、总结自己成功与失败的经验，看到发展的趋势，从而当机会降临时，已做好充足的准备，获得与自己能力相匹配的财富。

② 技术

　　与价值投资流派相对立的是技术分析，两者宛如阴阳两面，形似对立，实则统一，阴阳结合构成了完整的圆。所以，价值投资者并不应该视技术分析如弃履，而应以此为鉴，在某些时候从另一个侧面论证价值分析的正确与否，为价值投资决策提供进一步的佐证。

　　趋势判断一直是技术分析流派所希望掌握的"终极奥义"，从K线、量价关系、市场信息中把握市场走势，进而研判趋势，为最终的投资决策提供理论依据。那么趋势判断，对于以分析行业及投资标的财务状况、企业前景为依据的价值投资是否同样有参考价值？答案是肯定的。

　　趋势代表了市场运动中普遍认同的方向，而在市场趋势运动过程中，对于个股的影响也是明显的。在牛市中，利好会被放大，对于价值投资者而言可以适度追求更高的利润，在一定程度上放宽对个股的估值区间；反之在熊市，为了资金的安全，对于个股的指标则需要相对从严。但是，无论如何扩大或缩小估值区间，遵守必要的投资纪律才是长期盈利的保证。

　　对于股市的长期趋势而言，震荡上行应该是符合人类发展方向和规律的主旋律，但是这个长期趋势中的波动会过于频繁，而且这个趋势产生的收益受到波动及其他因素的影响可能并不会特别突出。因此通过中期的趋势判断，为价值投资寻求一个更佳的买卖点，是值得我们关注的课题。

下面，笔者将介绍自己总结的两个买卖点判别方式，但是笔者认为，作为价值投资依旧需要着眼于个股本身，发现价值才是价值投资的核心要义，只有真正发现了有价值的投资标的，才是我们做出最终投资决策的依据。

成交量（金额）的变化

成交量是技术分析中最为重要的分析指标之一，成交量的同比波动充分反映了个股乃至整个市场的活跃程度。在投资界，对于量价关系有着大量的书籍与研究者，本部分也就不再进行赘述。不过在此希望提及一句的是，个股的成交量受到人为干预的可能性极大，因此指数的成交量变化才是值得我们关注，以及对于趋势判断的最重要依据。

市场上有一句话叫做"天量出天价"，其内在含义也就是，在市场最为疯狂、投资者最为热情的情况下，市场往往也就达到了顶端。我们回看一下2007年以及2014—2015年的牛市，在接近指数最高点时，其对应的成交量也是该轮牛市最大的阶段。但是，不得不提的是，判断这样的量价关系往往是"马后炮"。因为在完整趋势完成之前，其指数与成交量都在同方向放大，这种天量和天价也在趋势运行过程中不断被刷新。因此在上升趋势过程中，当市场成交量开始持续大幅放大时（一般超过三个交易日），也是我们加仓的较好时机，在这个阶段，一般是某一阶段性趋势的开始，而在此阶段最先启动的往往是某一个或几个热门板块。因此非常适合在该阶段加仓已建仓的标的。在这里也需要提及一下，牛市的开端往往是某些板块开始启动，而大多数板块处于盘整的阶段。因为牛市的开端一般就是熊市彻底结束的时候，这时市场整体下跌空间有限，但是市场热情也相对较低，因此所对应的成交量只足以推动少数个股，无法做到真正的板块轮动。随着趋势的形成及确立，入市的场外资金激增，板块轮动效应开始显现，正常情况所投资的个股开始盈利，而成交量开始明显攀升，在这个阶段需要警惕所投资个股基本面的变化。当投资标的基本面未与投资预期背离，即使该股此阶段波动加剧，也应该坚定持有。反之，当基本面与投资阶段发生了背离，可能是业绩本身不如意，但是股价依旧上升；或者业绩本身并未发生巨大变化，但是股价已经大幅上涨，在很大程度上透支了该股的上涨空间，那么此时需要开始警惕，在股价波动加剧的阶段可以考虑适当减仓或暂时清仓。

在整个牛市阶段，投资者不妨在具体操作中参考一下各种技术分析，特别是K线组合的应用，因为在笔者所经历的市场中，只有在牛市以及熊市开端时，相关技术分析的准确性最高。也不难看出，在所有技术分析的书籍中，任何指标的说明均是采用了个股某个趋势的走势图，因此，如果需要通过技术分析来把握个股趋势，在趋势本身运行过程中的判断才是最为准确的。

而对于个股的买点，笔者一直认为"买在熊市，卖在牛市"。在市场疯狂的情况下，各种消息、市场波动都会影响个人的判断；只有在成交冷清、股市被关注程度较低的熊市，或者说底部震荡期间，才是发现有投资价值个股的最佳时期。该阶段受到的市场干扰因素最小，个股被严重高估的概率较低。而且熊市或震荡期一般处于某个阶段的低谷或相对较低的阶段，个股的业绩出现非正常增长或减少的概率同样较小。因此在这个阶段获得的信息的失真度相对较小，数据更具参考价值。

对于A股而言，成交量变化在2015年出现了一个非常重要的分水岭。那就是自2015年9月起，沪深两市成交金额的多寡发生了颠覆性的变化。这个变化并非成交金额数量级的变化，而是在这个时间节点之前，沪市的成交金额均大于深市；而在此之后，直到目前，深市成交金额历史上第一次反超沪市。而2015年9月也正是"国家救市行情"回调阶段，这时出现了中小板及创业板的第二波反弹，特别是创业板走出了一波超过1 000点的反弹行情；但也是在这个节点之后，市场普遍认同了2014—2015年杠杆牛市的结束。笔者单独提及中国A股历史上的第一次成交量"反转"，是希望投资者能够关注如下几种可能。

1．中国A股市场在市场加速扩容中，特别是在中小创企业的快速壮大之下，开始进入中小市值时代。在创新改革的推动下，未来市场的重心将转向深市，特别是深市中的中小创企业。就好像美国纳斯达克指数的崛起，吸引了众多创新型企业在该版上市，纳斯达克成为20世纪90年代至今造就优秀企业最多的市场。因而，应当重点关注中小创板块的个股，对于估值模式进行一定程度的改变。因为创业板个股的市盈率普遍高于其所在行业的平均市盈率，而且其在所在行业的市场占有率也会低于沪指所对应的个股。此外，基于市场重心的转移，为符合市场发展规律，需要对这些中小市值的个股投入更多的关注度，并且应在一定程度对个股分析制定更为多元化的标准。

2．中国A股牛市目前仍表现为整个市场的量价齐升。而在大资金充分介入的情况下，A股的权重股仍为其主要投资标的；而沪指涵盖了上证50中大多数的标的，其权重极大。因此，另一种猜想就是，在沪深成交金额再次发生变化时，可能就是另一个牛市的开始。

国内生产总值与 A 股的变化

都说股市是"经济的晴雨表"，那么A股作为中国市场上最为主要的公开投资市场，无论其有何种不足或缺陷，其终究还是对中国经济有着一定程度的反应，那么对于经济衡量标准中最重要的指标国内生产总值（以下简称GDP），A股投资能否从中获得某些启发，发现某些关联？

GDP与A股存在关联的前提，就是承认A股的总体变化趋势随社会经济发展而运动。那么在承认这个大前提的情况下，我们应该可以认为，A股指数与中国GDP的变化具有同步性。而这所谓的同步性是指A股年线应该随GDP整体变化而变化，若在某一阶段明显背离，则可以成为买卖时机的参考指标之一。

以上证指数作为对应指标，1990年以100点起始，1990年对应的GDP为1.87万亿元人民币；2015年中国的GDP为67.67万亿元，扩大了35.19倍，若等比例放大，则上证指数在2015年的中位数应该在3 619点。回顾上证A股，我们可以看出在牛市，年线会高于相关年份所对应指数的中位数；而在熊市则低于该数，因此可以看出，该指标确实可以作为一定的买卖参考。

另外GDP与A股总市值之间的关系，也可以作为我们参考的标准。随着股市的扩容，A股市值将持续上升，目前已经进入相对繁荣且平衡的阶段。[①]根据美国市场的认知，若将股市市值与GDP比例为1∶1作为是否有"经济泡沫"的分割线，那么目前A股总市值在50万亿元人民币左右，似乎远低于1∶1的比例，但是有一种观点认为，需要将中国内地企业海外上市及香港上市的个股市值也同样计算在内，那么这个数值将远超1∶1的分割比例。因为这两者孰对孰错并无定论，若根据美国股市市值与其GDP的关系来看，所应用的数据标准仅为本国股市市值。但是考虑到美国市场的特殊性，作为全球吸引海外企业上市最多的股票市

---

① 随着退市机制的逐步完善，A股市值应该会在震荡时保持一个动态的平衡。

场，其本国企业在海外上市的比例较低，因此，完全照本宣科并不一定适合。但是笔者认为，可以借鉴经济学中的"二八现象"，即前20%的企业占据了市场80%的财富，这一观点在较大范围内得到了认可。在审批制下，中国A股市场的上市公司基本采用择优录取，那么A股总市值占GDP的80%以下应该属于基本没有泡沫的阶段；80%～100%则存在一定泡沫；而超过100%则泡沫程度较为严重。因此，投资者在判断市场买卖点的时候，特别是对于趋势进行判断的时候，也可以以此作为一项参考。

上述内容仅仅是笔者自身的认知与预测，而市场本身瞬息万变，其变化的趋势也并非一个或数个指标所能影响的。如果将市场假定为"1"，那么我们做的就是寻找更多组成这个"1"的信息，逐渐地拼凑出完整的"1"，我们永远走在寻找这个完整的"1"的路途中。价值投资和技术分析这两个不同的流派，其最终目的是一致的，可谓殊途同归，彼此不应该是绝对对立的，而是可以相互借鉴、论证的，这样在进行投资决策前就可以获得更多的有效依据。

但作为价值投资者，笔者认为，无论技术指标的变化情况可以为我们提供哪些启示，都仅是锦上添花，绝不应该是雪中送炭。因此行业和个股才是一位优秀价值投资者应该关注的重点。

3 心态

如何确定行业、如何选股、如何看待市场以及趋势，这些都属于对外在事物的认知和反馈。最后，笔者将花上一定的篇幅来分享一下在价值投资中需要保持及需要克服的心态。

每一位投资者都具有七情六欲，喜怒哀乐，我们的情绪都会受到市场或外部因素的影响，因此如何在这个波澜起伏的市场上保持良好的心态，坚持自我是我们需要为之长期甚至一生而努力的。

市场的波动在所难免，经济环境的变化会造就一个个牛市与熊市的更迭。在这样的环境中，要保持一颗平常心非常困难，但是为了能够尽量保持交易的稳定性和持续性，我们需要具有可行的交易策略，并坚定执行。要保持如此的状态，笔者认为最重要的两点就是**纪律性及长期性**。

纪律性

纪律性可以说是一种心态，也是一种心理暗示。每一位投资者应该在进行投资之前制定好符合自己的投资风格，以及买卖时市场所处环境的策略。

例如，笔者在市场冷清时期建仓的股票，一般会设定25%～30%的止损线；而止盈线则会与股票本身的财务数据相关。一般价值投资者选定的股票标的，当其公司运营符合你所设定的预期时，那么所设定的基本盈利预期至少超过70%，甚至更高。当股价运行触及止损线时应当及时止损，承认买入时机的错误，防止损失的扩大。当股价运行符合相应的预期时，只要该企业本身运营并未偏离当初选择该股的原因，就应该坚持持有。而当股价涨幅过大，开始回调时，可以适当减仓以保护利润。若因市场的认可，该股股价维持在某一水平，此时其财务状况依旧稳健，也可以适时地进行增仓、补仓。

总而言之，价值投资是主要基于投资标的本身而确立的投资策略，而股价仅仅是其外在的表现。良好的经营状况，光明的行业前景，再高的价格都是可能的。苹果、微软、特斯拉的神话不正是如此吗？而交易规则的制定是为了当发生判断失误或市场异常时，有客观的规则约束投资者的实际交易，以防止极端恶化的情况发生；同时保住一定比例的利润，达到财富的持续积累。

而纪律性最大的心理影响因素，就是我们之后会提及的需要在投资过程中尽量克服的恐惧及贪婪。

长期性

投资本身也可以视为一份普通的工作，它需要参与者具有相应的专业素养、阅历以及主观的判断，是一份综合性的脑力工作。既然是一份工作，那么我们就应该做好长期参与、稳定产出的心理预期。每一个行业都有可能出现那些财富神话，但是这个比例却是凤毛麟角，因此我们不能将特例视为普遍。也许你能够成为一个传奇，但是开始时所抱有的心态应该是脚踏实地，并将自己视为这个领域的普通参与者之一。而在很大概率上，我们也会成为普通投资者，但是通过不断思考、努力以及经验的积累，是至少能够达到这个行业的"中产阶级"的。

那么在拥有了这一心理预期后，我们应该更加端正自己的心态，做好长期参与、稳定收益的准备。在碰到市场波动，看到有个股发生非正常的阶段性涨幅，而需要静心关注企业财务报表、公司发展状况时，要更多一份平常心，少一丝浮躁，这样将有利于纪律的执行。

除却我们需要掌握的心态，在投资过程中减少或避免一些不良心态的影响，也能够增加投资成功的概率，并促使正确抉择的执行。笔者认为，投资中最大的敌人就是恐惧和贪婪。

恐惧，是我们对于未知危险而产生的心理活动。在股市中，个股的未来走势具有一定的未知性，特别是对于短期走势，这种不确定性更为突出。当股价背离我们预期时，这种恐惧的情绪就会涌现，从而影响我们的判断。如果当这种情绪产生时，你能够克服它，那么不得不说，你内心非常强大，心理素质也非常好。但是对于大多数人而言，对于恐惧并不具备如此的免疫力和克制能力，所以此时，作为一名价值投资者必须做到的是：

1. **以客观事实为准绳**。股价发生变动并不可怕，可怕的是公司相关数据、行业环境发生了反向的变化。因此当股价走出了与预期相反的走势时，可以在网络、公司官网或其他公开平台查找一下，是否存在直接导致公司状况恶化的原因。如果并未有相关信息的披露导致该股本身发生颠覆性的改变，在未触及止损线的情况下，我们就不应该特别恐惧，从而应当继续执行原有的投资策略。

2. **坚信自我**。这里的坚信并非所谓的盲目相信，而是基于我们的投资策略有足够的客观依据以及合理性。在这种情况下，在没有更为科学、有效的策略代替之前，我们需要坚信自我，严格执行自己所制定的策略，即使最后成为一例失败的案例，这也是我们所必须去承担的。而失败的教训则可以成为我们宝贵的财富，事后进行详尽的分析、总结，进而优化投资策略，为下一次投资增添一份成功的砝码。

贪婪，似乎对于投资者而言并非完全是贬义词，它体现了投资者对于财富的渴望，甚至巴菲特的至理名言"别人贪婪我恐惧，别人恐惧我贪婪"中也用到了贪婪一词。但在笔者看来，此句话的贪婪表现了两种截然不同的心理状态。这句话中的第一个"贪婪"是我们需要避免和克服的，它最主要的表现如下：

1．在别人的股票价格上涨而自己的股票价格不涨时产生的贪婪。这是种非常负面的情绪，作为价值投资者，我们所有投资的根本在本书中不止一次地提及，那就是个股本身的财务数据及公司前景。我们选择某一特定标的，是需要经过前期大量的数据收集、分析，是基于我们对于个股的了解才做出相应的投资决策的。而别人的股票大多数是我们所不熟悉，或者并未经过了解的对象。如果我们盲目地贪婪，盲目地换股，对于我们而言与赌博无异。而身边因这种"贪婪"，追逐市场热点，而抛售更熟悉的个股，最后发生"卖后就涨，买入就跌"悲剧的案例比比皆是。

2．在所投资的个股股价已经具有较大涨幅，但企业状况或前景并未与股价有明显匹配的情况下，投资者却产生了并未基于客观事实的"贪婪"，期盼着更高超额利润的获得。这时最大的表现形式就是不再执行相应的止盈策略，不仅未先锁定已有的利润，反而加大了投资，最终股价反向运行后，不仅消耗了原有利润，更可能蚕食本金，造成原本盈利可观的交易反而变为亏损。

这两种在股市投资过程中经常会出现的"贪婪"，我们必须加以克服，

235

因为股市并非赌场，虽然它具有未知性和不可预测性，但是所有的判断是基于客观事实，而并非全是"运气"。

那么最后再来说一下这句话中的第二个"贪婪"，笔者认为这里的贪婪并不仅是"贪图，不满足"。市场因为恐惧而产生了错杀和低估，而在此时坚持价值投资理念的我们，在避免或减少亏损并严格执行制定的投资纪律的情况下，根据客观数据和自身判断，在市场上发现了众多值得投资的个股，这种"遍地是黄金"的状况便给我们带来了"贪婪"。我们贪婪的是，可以值得投资的个股众多，而其所带来的预期收益又如此可观。因此，这里的"贪婪"是一种幸福的烦恼。这种"贪婪"是我们遭遇了种种挫折和失败后，市场给予我们的最好褒奖。

别人常说A股投资是最简单的事情之一，只需一张身份证，一点儿开户手续费就能获得相应的投资资格。但它又是最难的事情之一，市场上的参与者数以亿计，每一位参与者都期待着从中获取财富和成功，但是跌宕起伏的行情，犹如大浪淘沙，将无数人拍落在失败的沙滩上；而真正能够扬帆远航，笑看潮起潮落的成功者相较海滩上的细沙简直微乎其微。所以在这个财富的竞技场上，我们需要不断磨砺我们的内心，变得更为强大，从而足以面对各种环境，成为成功者。当然，目前A股的价值投资环境虽并不十分理想，但我们还是有理由相信，随着经济形势的好转、监管的科学化及法制化，如今为改革所承担的"苦痛"会以更为灿烂的明天作为回报的。我们需要做的就是，坚持我们认为正确的理念，提升自身的知识储备，加强对周边事物的观察能力，磨砺自我心理素养，以更为强大的自我迎接不一样的未来。

后 记

　　天下无不散的宴席，聊得再好的朋友也终有分手的时候。尽管写到这里，已经十几万字了，仍有很多的想法没有表述透彻，意犹未尽。股市只是世界万物的一角，但是这一角又包括了世界万物的变化。因此，如果不自量力地讲变化，讲特例，那是永无穷尽的。所幸我们吸取前人的经验，并且尽量在整本书中绕过了一个又一个类似的暗礁。我们两个作者，一个讨论技术分析，一个讨论价值投资。我们都希望把自己最核心的理念和大家分享，在之后再浅谈应用，这样的安排是希望大家能够形成一些正确的观念。只有观念正确了，才能够在未来瞬息万变的行情中，摸索到适合自己的方法去应用这些理念。

　　书中讲了很多的观点，大家对有些观点会陌生。这些观点要么是批驳往昔所谓正确的东西的；要么是推陈出新的。我们提出这些观点，给出了相应的证明，但是我们并不希望大家就这么轻易地抛弃之前相信了那么多年的东西，转而信赖偶然看到的一家之言。如果这样，你今天做的抉择和之前的又有什么区别呢？我们希望我们的读者，在看到我们的质疑时，首先是质疑我们。因为任何一种挑战传统的观点都应该被质疑，传统之所以长时间存在，必然有存在的价值。同时，我们也希望读者公平地看待我们的想法，如果我们的想法至少看上去有几分道理，那么我们就需要重新审视，是不是随着时代的进步，有些传统的东西已经不适用了？或者它的原意已经被后人曲解了？这些功课不仅仅是在脑子里面转一圈，而是需要大家自己找资料，用自己的方法去证实的。只有自己求证过的东西才会起作用。

　　和大家能够以这种方式进行交流是一种缘分，想到将来的读者在不同的时间、地域能够和我们交流，这真是非常神奇！佛家说缘起性空，对于我们这样的俗人而言太过高深。我只知道珍惜每份来之不易的缘分，无论你身处何时，身在何方。大家有疑问的时候，可以通过知乎（无名玺），或者后续开放的微信号保持联系，我们尽量回复大家。

　　最后再一次感谢大家对于本书的支持，谢谢！

图书在版编目（CIP）数据

股海方舟 / 无名玺，路遥著. --北京 ：中国人民
大学出版社，2018.3
ISBN 978-7-300-25338-1

Ⅰ.①股… Ⅱ.①无… ②路… Ⅲ.①股票投资－基
本知识 Ⅳ.①F830.91

中国版本图书馆CIP数据核字（2018）第002607号

股海方舟

无名玺 路遥 著

Guhai Fangzhou

出版发行	中国人民大学出版社	
社　　址	北京中关村大街31号	**邮政编码**　100080
电　　话	010-62511242（总编室）	010-62511770（质管部）
	010-82501766（邮购部）	010-62514148（门市部）
	010-62515195（发行公司）	010-62515275（盗版举报）
网　　址	http://www.crup.com.cn	
	http://www.ttrnet.com（人大教研网）	
经　　销	新华书店	
印　　刷	北京鑫丰华彩印有限公司	
规　　格	170 mm×240 mm　16开本	**版　　次**　2018年3月第1版
印　　张	15.5　插页1	**印　　次**　2018年3月第1次印刷
字　　数	179 000	**定　　价**　45.00元